KB274473

가난한 집
맏아들

가난한 집
맏아들

가난한 집 맏아들

대한민국 경제정의를 말하다

유진수 지음

한국경제신문

대한민국의 경제정의를 말하다

한국 사회는 과연 정의로운 사회인가? 이 질문에 자신 있게 '그렇다' 고 대답할 수 있는 사람은 그리 많지 않을 것이다.

요즘 우리 사회는 과거 어느 때보다 더욱 정의를 갈망하고 있다. 하버드대학의 마이클 샌델(Michael J. Sandel) 교수가 쓴 《정의란 무엇인가?(Justice)》가 1백만 부 이상 팔렸다 한다. 철학적 내용을 담은 쉽지 않은 책이라는 점에서 이례적인 일이다. 장애아 성폭력 사건을 다룬 영화 '도가니'는 흥행을 노린 블록버스터 영화도 아닌데 4백만 명 이상의 관객을 끌어 모았다. 사회적 약자인 장애 아동을 보호해주지 못하는 사회, 비리로 얼룩진 일부 사학의 현실, 엄격한 법 집행을 못하는 사법부에 대한 울분과 불만의 표출이라고도 볼 수 있다. 또 '희망버스' 에서 보듯 한 기업의 근로자 해고 문제에 대해 일반인들이 나서는 일까지 벌어지고 있다.

이러한 사례들의 밑바탕에는 사회적 정의를 갈구하는 사람들의 기대감이 자리 잡고 있다.

돌이켜보면 30여 년 전 나는 정의에 대해 지금보다 더 많이 고민을 했던 것 같다. 대학가에서 데모가 한참이고, 척척 척척 전경들이 발맞추어 내는 군화 소리가 끊이지 않고, 제국주의와 매판자본에 관한 토론으로 밤을 새던 그 시절, 누구나 그랬듯 자유와 정의에 대한 갈망으로 가슴 뜨거워지곤 했다. 그로부터 조금 더 나이가 들어서 중요한 선택을 해야 할 시기에도 '자유와 정의에 대한 갈망'은 나에게 많은 용기와 힘이 되어주었다.

경제적으로는 다들 못살던 시절이었고 정치적으로는 독재가 지배하던 시절이었다. 그래서 많은 사람들이 "우리가 세상의 빛이 되자"고 다짐하던 시절이기도 했다. 5·18 민주화운동으로 계엄령이 강화되고 군인들이 온 나라를 점령한 상황에서 '독재 타도'를 외치며 영등포역 앞을 뛰어다니기도 했다.

그러나 그것도 잠시였다. 먹고 살기 바빠지며 현실에만 안주했다고나 할까. 경제학, 그것도 전공 분야 이외의 세상에 대해서는 단편적인 고민밖에 하지 못하며 지금까지 살아왔다. 그나마 다행이었던 것은 공정거래를 전공으로 하다 보니 '공정성의 문제', '재벌의 문제' 등 우리 사회를 정의롭지 못하게 하는 것들에 대한 고민들이 늘 머릿속을 떠나지 않았다는 점이다.

1997년 외환위기 이후 점점 심해지고 있는 우리 사회의 양극화, 희망을 잃고 있는 젊은이들의 뒷모습, 이로 인한 사회적 갈등의 증가. 이처럼 안타까운 현실이 언젠가부터 나의 등을 떠밀고 있었다.

뭔가 시작해야 하지 않을까. 내가 할 수 있는 일이 분명 있지 않을까. 최근 읽은 샌델의 책도 '사회적 정의'의 문제를 다시 한번 생각하도록 만들어주었다. 그리하여 나는 한동안 잊고 있었던 젊은 시절의 나를 만났다.

샌델 교수는 정의의 문제를 철학적이고 원론적인 차원에서 다루었다. 나는 경제학자로서 경제학적인 논리로 정의의 문제를 다루어보고 싶었다. 특히 한국 경제에 이 문제를 적용해보고 싶었다. 이 책은 그렇게 시작되었다.

경제학은 인간의 탐욕 때문에 존재해온 학문이다. 어떻게 하면 인간의 욕구를 최대한 만족시킬 수 있는지를 연구하는 학문이 바로 경제학이다. 그동안 인간의 욕구를 최대한 만족시키는 이론(이를 '효율적인 선택'이라 한다)들에 너무 집중한 나머지, 경제학자들은 도덕적 의무나 경제적 정의에 대해서는 많이 소홀했었다. 다른 사람에 대한 배려, 약자에 대한 배려 속에서 우리의 욕구를 만족시키는 방법에 대한 연구가 부족했던 것이다.

이제라도 다른 사람들의 희생을 줄이면서 우리의 욕구를 만족시키는 이야기가 필요하지 않을까. 이것이 일반적인 경제학에서 조금 벗어나 '도덕적 의무'에 대한 글을 쓰기로 마음먹은 이유이다.

부모가 가난해서 맏아들만을 대학에 보낸다면, 그 맏아들은 나중에 동생들에게 어떠한 도덕적 의무를 지는가? 이 책은 이처럼 간단한 의문에서 시작한다.

그리고 이 질문은 "우리나라 정부가 특정 기업들에게만 특혜를 주었다면, 이 특혜를 받아 성장한 기업들은 우리 사회에 어떠한 도덕적 의무를 지는가?"라는 질문으로 이어진다.

이는 다시 "우리나라 부자들이 정부가 제공한 특혜로 인해 부자가 되었다면 우리 사회에 어떠한 도덕적 의무가 있는가?"라는 질문으로 연결되고, 결국은 "자신의 능력으로 성공한 사람들에게도 도덕적 의무가 있는가?", "다른 사람들에게 피해를 주면서 성공한 사람들은 어떠한 도덕적 의무를 갖는가?" 등으로 다양하게 발전되었다.

"도덕적 의무가 존재하는가"의 문제도 중요하지만 숫자를 좋아하는 경제학자로서 "도대체 얼마만큼의 도덕적 의무가 있는가"에도 관심을 가질 수밖에 없었다. 그래서 간단한 사례를 통해 도덕적 의무를 금전적으로 계산해보고자 했다.

이 책을 집필하는 데에는 생각보다 힘이 많이 들었으며 시간도 많이 걸렸다. 그 과정에서 도움을 주신 분들이 많다. 먼저 이 책을 쓰느라 많은 시간을 함께하지 못한 아내에게 고맙다는 말을 전하고 싶다. 또 아내는 원고를 여러 차례 읽고 자세한 부분 하나하나까지 의견을 주었다. 좋은 의견을 제공해준 딸 선주에게도 감사하다. 경제학도로서 날카로운 지적을 해줌으로써 책의 내용이 개선될 수 있었다. 멀리서 응원해준 아들 석준이에게도 고맙다.

15년 이상의 세월을 같이 보내온 숙명여자대학교 경상대학 교수님들께 감사드린다. 이 책 곳곳에는 그분들과 나누었던 대화 내용들이 담겨 있다. 특히 오류를 지적하고 새로운 아이디어를 제공해준 김철수, 권순원 교수님 덕분에 책의 내용이 더욱 풍부해질 수 있었다. 박사 과정 김보례, 석사 과정 김애리, 김진경 학생도 좋은 의견을 주었다. 국제경제연구소 식구들에게도 신세를 많이 졌다. 바쁜 나를 대신해 내가 할 일을 해주었으며, 이 책을 집필하는 데 많은 용기를 주었다. 감사할 뿐이다.

이 책이 가난한 부모의 도움으로 성공한 맏아들 이야기에서 시작하고 있듯이, 부모님의 사랑과 헌신이 없었다면 지금의 나는 없었을 것이다. 부모님께 특별히 감사드린다. 마지막으로 하나님께 감사드린다. 모든 것에 감사드리지만 특히 이 책을 쓸 수 있는 능력과 기회를 주신 것에 감사드린다.

이 책은 성공한 맏아들의 도덕적 의무, 우리 사회의 재벌과 부자 등 성공한 사람들의 도덕적 의무, 실패한 사람들의 도덕적 의무 등을 다루고 있다. 어쩌면 그들이 바로 우리 자신일 수 있다는 생각이다.

이 책을 통해 부자는 부자로서, 성공한 사람은 성공한 사람으로서, 실패한 사람은 실패한 사람으로서 자신의 도덕적 의무가 무엇인지를 생각해보는 계기를 가졌으면 좋겠다. 그로 인해 우리 사회가 정의롭고 따뜻한 방향으로 한 걸음 더 나아가기를 희망한다.

2012년 1월
작은 창 넘어 초등학교 운동장의 오후,
어린아이들이 밝게 뛰어노는 소리를 들으며

유진수

CHAPTER 9 ···
실패한 맏아들 이야기

1

가난한 집 맏아들

가난한 집 맏아들

여름방학이 드디어 시작되었다. 방학식을 마친 3학년 일경은 선생님이 나누어주신 성적표를 자랑스럽게 품에 안고 교문을 나섰다. 기분이 날아갈 듯 좋았다. 이번에도 1등을 했다. 시골 촌구석의 코딱지만 한 초등학교지만 1등은 어디까지나 1등. 아이들과 헤어진 일경은 흙먼지 날리는 논길을 열심히 달렸다. 어서 집으로 돌아가 아버지, 어머니에게 성적표를 보여드리고 싶었다.

마을 입구에 다다른 일경이 걸음을 멈추었다. 집 앞 골목에 웬 경운기 한 대가 서 있다. 새것인 듯 햇빛을 받은 경운기 몸체가 번쩍거렸다. 동네 어른들이 그 주변에 모여 있고, 경운기 모터 돌아가는 소리가 귀 따가웠다. 그 경운기는 옆집 영철이네가 새로 장만한 것이었다. 몇 년 전 새마을운동이 시작되어 집집마다 경운기를 장만하네 마네 말들이 많긴 했다. 밀짚모자를 쓴 한 아저씨가 뒷짐을 진 채 영철이네 경운기를 이리지리 살펴보고 있다. 다름 아니라 일경의 아버지였다. 아버지의 굽은 등과 반짝반짝 빛나는 새 경운기를 바라보는 일경은 조금 속이 상했다.

'우리는 경운기 안 살 거야. 아니, 못 사지. 가난하니까.'

경운기를 뚫어져라 쳐다보던 아버지는 일경을 보자 경운기 옆에서 멀찌감치 떨어졌다.

"일경이 왔구나!"

그날 저녁. 밥상 앞에 앉은 아버지는 아무렇지도 않다는 듯 말했다.

"경운기가 좋아 보이기는 해도 소보다는 못한 것이란다."

아무 말 없이 밥을 다 먹은 일경은 가방에서 성적표를 꺼내 어머니에게 건넸다. 어머니의 얼굴이 환하게 밝아졌다.

"아이고. 우리 일경이가 또 일등을 했구나."

아버지 역시 기쁜 표정이 되었다.

"그래. 경운기고 뭐고, 우리 집에서 제일 중요한 것은 일경이가 공부를 잘하는 것이란다. 꼭 의과대학에 가서 훌륭한 의사가 되어야 한다. 맏아들이 잘되어야 그 집이 잘되는 것이고, 동생들도 잘살 수 있는 법이야."

어머니도 말을 이었다.

"공부할 때 필요한 것 있으면 언제든지 말하렴. 돈은 걱정하지 말고. 알았지?"

그러자 옆에서 이철이 끼어들었다.

"나도 필요한 거 많은데."

막내인 여동생 삼순이도 거든다.

"엄마, 나도."

그러자 어머니가 타박한다.

"너네들은 가만히 있거라. 뭐가 필요하다고 야단들이냐?"

이철이 입술을 삐죽거렸다.

"체, 엄만 맨날 형밖에 모른다니까!"

졸업이 다가오고, 이제 중학교 입학을 준비할 시기가 되었다.

어느 날, 일경의 아버지가 말했다.

"오한 중학교로 가거라."

일경은 놀라서 아버지를 바라보았다. 읍내에 있는 중학교는
두 곳인데 그중 오한 중학교는 마을에서 1시간이나 나가야 하는
사립중학교였다.

"너는 이 시골에서 학교를 다니면 안 된다. 도시의 좋은 중학
교로 가야 한다. 다른 걱정은 하지 말고 공부만 열심히 하거라."

"하지만 너무 멀어서요."

"자전거를 사줄 테니 우선은 자전거로 통학을 해라. 그 다음
에는 자취를 하든지 하숙을 하든지."

“……”

“두말할 필요 없다. 넌 맏아들이다. 우리 집의 미래야. 네가 잘되면 동생들도 잘되는 거라고 하지 않니. 그러니 열심히 공부만 하거라.”

도시의 중학교로 간 일경은 열심히 공부했다. 부모님의 기대를 충족하는 길은 그것밖에 없었다. 그리고 자신 때문에 새 운동화 한번 신어보지 못한 동생 이철과 삼순에게 미안해서라도 열심히 코피 터지도록 공부하는 길이 최선이라 여겼다. 다행히 성적도 최상위권을 유지했다.

어느덧 고등학교 입학을 준비할 때가 되었다. 일경은 다시 고민이 생겼다. 아버지는 도청소재지가 있는 큰 도시의 고등학교로 가라 하지만 집안 형편이 그렇지 못하다는 것을 일경은 너무도 잘 알고 있었다. 시골 마을의 중학교를 다니는 동생 이철과 학용품도 늘 오빠 것들만 물려받아서 초등학교에 다니는 삼순에게도 미안했다.

제5공화국이 들어서면서 사회 전반적으로 대대적인 개혁이 일어났다. 고등학교에 들어가는 과정도 바뀌었는데, 일부 지역에서는 연합고사가 치러졌지만 아직도 대부분의 도시에서는 비평준화를 유지해 ‘선지원 후시험’ 제도를 고수했다. 그런 도시의 명문 고등학교는 경쟁률이 이만저만 높지 않았다. 우현 고등학교도 그중의 한 곳이었다.

일경이 입학 시험에 합격했을 때 부모님은 춤을 출 듯 기뻐했다. 마을이 생긴 이래 우현 고등학교에 들어간 사람은 일경이 처음이었다. 마을 사람들도 앞다투어 축하 인사를 건넸다.

"벼농사보다는 자식농사가 더 잘됐네. 고생고생하면서 공부를 시키더니."

"고생이 문제겠어요? 일경이가 의사, 판검사가 되면 집안 형편 피는 건 시간문제지."

"부럽네, 부러워! 나중에 성공해서 효도하면 일경네는 호강하겠네!"

일경은 학교 근처에 하숙집을 얻었다. 고향집과는 점점 멀어지는 생활이었다. 이제는 시골 동네도 살림 형편이 예전과 비교할 수 없을 정도로 좋아지고 있었다. 다들 양옥집을 새로 지었고, 그 집에는 가스와 수도가 들어왔다. 그러나 일경의 집만은 그다지 변한 것이 없었다. 일경의 뒷바라지를 하느라 그럴 여유가 없는 건 당연했다.

고등학교 3학년 2학기에 접어들었다. 의과대학에 합격할 수 있을 정도의 성적을 꾸준히 유지하고 있는 일경에게 새로운 고민이 생겼다. 서울의 대학으로 가느냐, 아니면 지방 국립대에 장학금을 받고 들어가느냐의 문제였다.

평생 농사만 지어온 아버지는 재테크 같은 것은 꿈도 꾸지 못하는 분이었다. 그 흔한 경운기조차 살 수 없어 옆집 것을 빌려 쓰곤 했다. 이 상황에 일경이 서울에서 의대를 다닌다면 6년의 등록금과 생활비가 어마어마할 터였다. 하지만 서울 유학에 대한 욕심을 버리기가 쉽지 않았다.

"누가 너에게 그런 걱정하라고 하던! 당연히 서울의 대학으로 가야 한다. 등록금은 이 애비가 무슨 수를 써서든 마련해줄 테니."

"하지만 이철이랑 삼순이는……."

"우리 집안에서 너 외에 대학 갈 사람은 없다. 이철이는 고등학교만 가도 되고, 삼순이는 시집보낼 건데. 그리고 네가 의사만 되면 우리 집이 일시에 일어서는 것 아니냐?"

일경은 부모 앞에서 울먹였다. 그리고 성공하면 늙은 부모님과 동생들 모두 호강시켜 주리라 다짐했다.

결국 일경은 서울에 있는 의과대학으로 진학해 85학번 의대생이 되었다. 서울 유학생활은 넉넉지 못했으나 끼니를 굶을 정도는 아니었다. 매월 하숙비와 생활비가 제 날짜에 왔다. 1학년 1학기가 끝나고 집에 내려갔다. 외양간에 있던 소가 보이지 않았다.

"이 녀석이 어디 갔지?"

의아해 하는 일경에게 이철이 심통 맞게 말했다.

"어디 가긴 어디 가? 형 등록금 대느라 팔아먹었지!"

다음 학기에는 산 아래의 800평 텃밭이 남의 손으로 넘어갔고, 또 다음 학기에는 논 2필지를 팔았다고 했다. 일경은 부모님께 너무도 죄송하여 장학금을 받기 위해 밤을 새워가며 공부했다. 그러나 과에는 자신보다 뛰어난 학생들이 너무 많았다.

그렇게 6년이 흘렀다. 의과대학을 졸업하고 군의관으로 군복무도 마친 일경은 이비인후과 전문의가 되었다. 그리고 대학병원에 취직했다. 자신만의 개인병원을 차리는 것이 꿈이었으나 그건 말 그대로 꿈이었다.

일경은 1년에 두 번 고향집에 내려갔다. 시골집 살림살이는 여전했다. 고등학교를 겨우 졸업한 이철은 군 제대 후 읍내에서 빈둥거렸고, 삼순은 작은 옷 공장에 취직해 쥐꼬리만 한 월급을 받고 있었다. 고향집에 내려가도 동생들을 보기가 어려웠고, 사실은 피차 얼굴 보기가 껄끄러웠다. 그들을 생각하면 안쓰럽고 미안하여 점점 피하게 됐다. 어쨌든 자신이 동생들보다 부모의 혜택을 더 받은 건 사실이니까.

어머니는 맏아들인 그가 동생들을 조금이나마 보살펴주기를 바랐다. 그러나 일경은 도저히 그럴 여유가 되지 못했다. 말이 좋아 대학병원 의사지, 서울 생활은 생활비가 너무 많이 들어 빠듯했다. 사람을 사귀기 위해서는 몸이 안 따라줘도 골프를 배워야 했고, 1년에 한 번은 동료들과의 해외여행에 따라가야 했다.

그러다가 동료 의사의 소개로 대기업 임원의 딸을 만났다. K그룹 홍보실 팀장인 인영은 모든 면에서 부족함이 없는 재원이었다. 3년 후 두 사람은 결혼을 약속했다.

일경에게 있어 그 어떤 것보다 큰 문제는 시골집으로 인영을 데려가 부모님께 인사 시키는 일이었다. 다행히 눈치가 빠른 인영은 일경의 형편없이 가난한 시골집과 추레하게 늙은 시부모에게 아무런 싫은 내색을 하지 않았다. 어차피 결혼해서 자주 갈 곳도, 자주 볼 사람들도 아님을 그녀 역시 잘 알고 있었다.

그렇게 두 사람은 결혼을 했고, 일경은 처갓집의 도움으로 작으나마 번듯한 병원을 차릴 수 있었다. 의사이자 경영자로서 일경은 늘 바빴다. 시골집에는 1년에 한 번 혼자 내려갔다. 부모님은 남의 집 텃밭을 일구어 야채를 가꾸었고 이농한 집의 논을 빌려 농사를 지었다. 그러던 어느 날, 동생 이철이 느닷없이 찾아왔다. 병원을 개업한 뒤 식구가 찾아오기는 처음이었다.

"네가 웬일이냐."

"형. 나 부탁할 게 있어."

"부탁? 뭔데?"

"나도 이제 뭔가 해야겠다 싶어 과일 행상을 알아봤는데…….
1톤짜리 중고 트럭이 필요해."

"그래서?"

"그게 한 오백만 원 정도 하는데, 형이 돈 좀 빌려줄 수 있을까? 부모님은 삼순이 어렵게 시집보내느라 현금이라곤 없고, 내가 돈 빌릴 데도 없어. 형밖에 없어서 이리 찾아왔어."

"이철아, 내가 오백만 원이 당장 어딨냐? 갑부도 아니고. 요새 병원 운영도 영 안 돼서 골치가 아프단 말이다. 이달 말에 병원 직원들 월급도 줘야 하고, 애들 학비도 내야 하는데 그만한 여유는 없다."

일경은 돌아서는 이철에게 미안하긴 했지만 어쩔 수 없다고 생각했다.

일경은 모든 꿈을 이루었다. 자신의 번듯한 병원이 있고, 아름다운 아내가 있고, 자가용과 아파트가 있다. 가끔 시골집의 늙은 부모님과 이철, 삼순이 떠오를 때면 한쪽 가슴이 답답한 것 외에는 모든 것이 만족스러웠다. 하지만 그런 생각을 자주 할 시간도 없이 병원 운영은 눈코 뜰 새 없이 바빴다.

바쁜 사람은 일경만이 아니었다. 그의 부모는 아침저녁으로 논과 밭에서 허리 못 펴고 일하느라 바쁘고, 남동생 이철은 친구에게서 어렵게 빌린 돈으로 중고 트럭을 구입해 과일 행상을 하느라 바쁘고, 여동생 삼순은 공장 동료직원과 결혼해 아등바등 살아가느라 바쁘다. 그렇게 바쁜 사람들 중에, 그래도 가장 행복한 이는 일경의 어머니와 아버지일 것이다. 그토록 애지중지 키워온 맏아들이 여봐란 듯 출세를 했으니 말이다.

맏아들의 의무

가난한 집 맏아들 이야기 Ver 1.0

"세 명의 자녀를 둔 가난한 부모가 시골에서 근근이 논밭을 부쳐 먹으며 살고 있었다. 넉넉하지 못한 집안 형편 때문에 세 자녀 중에서 한 명, 맏아들만 대학 공부를 시켰다. 등록금을 내기 위해 애지중지 키우던 소까지 내다 팔아야 했다. 다행히 맏아들은 공부를 썩 잘했고, 의과대학을 졸업해 의사가 되었다. 돈도 많이 벌어 부자가 되었다. 그러나 대학에 가지 못한 둘째와 셋째는 가난을 이어받아 아직까지 어렵게 살고 있다."

과거 1960~70년대, 찢어지게 가난했던 시절(또는 그 시절을 배경으로 삼은 영화나 드라마에서)에 흔하게 보고 들을 수 있는 어느 농촌 마을의 집안 내력이다. 그리고 1장 가난한 집 맏아들의 이야기를 요약한 줄거리다. 이 친숙한 이야기에 몇 가지 궁금증을 덧붙여보자.

① 돈을 많이 번 맏아들은 나중에 자신만을 바라보며 고생한 부모에게 어떻게 했을까?
② 가난하게 살고 있는 동생들을 위해 맏아들은 무엇을 했고, 무엇을 해야 했을까?
③ 부모는 왜 하필 맏아들을 대학에 보냈을까?
④ 둘째나 셋째가 대신 대학에 갔으면 어떻게 되었을까?
⑤ 맏아들만 대학에 보낸 부모의 결정은 최선의 선택이었을까?
⑥ 맏아들을 대학에 보내면서 가난한 부모는 맏아들에게 어떻게 하면 좋았을까?
⑦ 성공한 맏아들이 동생들을 보살피지 않는다면, 부모가 무엇을 어떻게 할 수 있을까?

가난한 집안의 성공한 맏아들 이야기 Ver 1.0 속의 주인공들을 이렇게 바꿔보면 어떨까. '가난한 부모'는 1960~70년대의 '대한민국 정부'로, '성공한 맏아들'은 '기업'으로, '소를 팔아 보탠 학비'는 '각종 특혜'로 말이다. 그렇다면 위의 물음들은 이렇게 바뀌어야 할 것이다.

① 특혜를 받은 우리나라 기업들은 우리 사회에 무엇을 해왔을까?
② 우리나라 기업들은 우리 사회에 무엇을 해야 할 도덕적 의무
　가 있을까?
③ 정부가 다른 기업에게 특혜를 주었다면 어떻게 되었을까?
④ 과연 기업만 정부로부터 특혜를 입었을까?
⑤ 기업들에게 특혜를 주면서 정부는 어떻게 했어야 했을까?
⑥ 지금 기업들이 도덕적 의무를 다하지 않을 때, 정부는 무엇을
　어떻게 할 수 있을까?

　가난한 집안의 성공한 맏아들의 경우, 대부분의 사람들이 수긍할 만한 대답을 찾는 것은 그다지 어려운 일이 아니다. 돈을 많이 번 맏아들은 부모에게 더 많이 효도하고, 자신보다 가난하게 살고 있는 동생들을 보살펴야 한다. 그게 일반적인 정서다.

　맏아들이 여전히 어렵게 살고 있는 시골 부모를 나 몰라라 한다면, 그건 잘못된 일이다. 대부분의 사람들로부터 비난을 받을 일이다. 맏아들이 자신의 성공을 오로지 자신의 선천적인 재능과 노력 덕분이라고 생각하며, 가난하게 사는 동생들을 외면한다면 더욱 그럴 것이다. 맏아들이 집안 좋은 여성과 결혼해 처가만 신경 쓰고, 가난한 부모와 동생들을 수치스럽게 여기며 살아

간다면 더욱더 그러할 것이다.

이와 같은 '일반적인 비난'에 어떤 근거가 필요하다면, 우리는 어떤 종류의 논리나 윤리를 들이댈 수 있을까? 이에 대한 해답을 살펴보기에 앞서, 이와는 조금 다른 맏아들 이야기를 들어보자.

가난한 집 맏아들 이야기 Ver 2.0

"세 명의 자녀를 둔 가난한 부모가 시골에서 근근이 논밭을 부쳐먹으며 살고 있었다. 넉넉지 못한 집안 형편 때문에 부모는 자녀들의 대학 등록금을 전혀 대주지 못했다. 그러나 맏아들은 머리가 좋았고, 열심히 공부한 끝에 장학금을 받으며 의과대학에 다녔다. 모자란 돈은 틈틈이 아르바이트를 해서 벌었다. 결국 맏아들은 성공한 의사가 되었고 돈도 많이 벌어 부자가 되었다. 반면 둘째와 셋째는 그다지 공부 재능이 없는 터라 대학에 가지 못했고, 아직까지도 어렵게 살고 있다."

가난한 집 맏아들 이야기 Ver 1.0과 Ver 2.0을 모두 접한 독자들은 지금 '도덕적 의무'라는 단어까지 결부되면서 한참 혼란스러워하고 있을 것이다. Ver 2.0은 '맏아들이 부모의 도움 없이 스스로 노력해 대학에 갔다' 는 점에서 Ver 1.0과 다르다.

　논의를 명확히 하고자, 앞에서 나왔던 것과 비슷한 질문을 반복해보자.

스스로 노력해 성공한 맏아들(Ver 2.0)은 부모와 동생들에게 어떠한 도덕적인 의무가 있을까?

　도덕적 의무의 범위와 근거를 따지는 것이 생각처럼 간단한 일은 아니다. 시대에 따라 이념에 따라 달라진다. 마이클 샌델은 도덕적 책임의 범주를 세 가지로 분류했다. 자연적 의무, 자발적 의무, 연대 의무가 그것이다.

　자연적 의무란 인간으로서 보편적으로 지켜야 하는 의무다. 인간을 존중하고, 올바르게 행동하며, 잔인한 행동을 삼가는 등의 의무가 여기에 속한다.

　자발적 의무는 합의(또는 계약)에 의해 발생하는 의무를 말한다. 약속이나 계약을 지켜야 하는 의무 등이 여기에 속한다.

　연대 의무는 가족, 국가, 민족 등 구성원으로서의 의무를 말한다. 아이를 돌보거나 부모를 모시는 의무 등이 여기에 속한다.[1]

　마이클 샌델의 분류를 우리의 맏아들에게 적용하면, 그는 가족들에게 세 가지 의무를 가지고 있다.

첫째, 맏아들은 가족으로서 보편적으로 지켜야 하는 의무를 가진다. 이것이 자연적 의무다. 맏이로서의 자기 본분을 지키고, 가족을 존중하고, 배려하고, 사랑하고, 정당하게 행동하는 것 등이다.

둘째, 맏아들은 가족과 약속을 했을 경우 그것을 지켜야 하는 의무를 가진다. 이것이 자발적 의무다. 가족에게서 돈을 꾸었을 때 갚아야 하는 의무도 여기에 속한다.

셋째, 위의 이야기처럼 많은 돈을 벌었다면 맏아들은 가난한 부모와 동생들을 도와야 하는 도덕적 의무를 갖는다. 그것이 연대 의무다. 돈을 많이 번 맏아들이 부모와 동생들을 나 몰라라 하는 경우, 우리는 이런 식의 논리 전개로 그에게 도덕적인 비난의 화살을 던질 수 있다.

그런데 위의 연대 의무는 '맏아들이라서' 지는 의무는 아니다. 성공한 자녀가 둘째건 셋째건, 동일한 연대 의무를 질 수 있기 때문이다. 또 맏아들이 대학에 가지 않고 성공하더라도 동일한 연대 의무를 지는 것으로 이해될 수 있다. 그러한 의미에서도 연대 의무는 모든 자녀들에게 공통적으로 적용되는 의무이며, 어떻게 돈을 벌었건 잘사는 형제자매가 못사는 형제자매를 도와야 하는 의무인 것이다.

'연대 의무' 의 문제

성공한 자녀는 그 가족들에 대해 얼마만큼의 연대 의무를 가져야 하나?

이에 대한 명백한 답을 찾기는 매우 어렵다. 시대에 따라, 문화에 따라 그리고 환경에 따라 그 기준이 크게 달라지는 게 첫째 이유다. 시대와 문화에 따라 가족 간의 유대관계가 강조될 수도 있고, 그렇지 않을 수도 있다. 공동체 윤리가 발달한 가정도 있고, 개인주의적 경향이 큰 가정도 있다. 개인적인 환경에 있어서도, 예컨대 어떤 가정은 형제자매 간의 우애가 각별했을 수도 있고 그 반대일 수도 있다. 심지어 한 가정에서 자라더라도 유독 가까이 지내던 사이가 있을 수 있고 그 반대 사이도 있을 수 있다. 뿐만 아니라 개인의 입장과 철학에 따라서도 연대 의무의 기준은 크게 달라질 수 있다. "성공의 열매는 성공을 이룬 사람의 몫이 되어야 한다"고 주장하는 사람이라면 성공한 아들의 연대 의무가 클 필요 없다고 생각할 것이다. 그 반대 입장에 선 사람이라면 정반대의 견해를 가질 것이다.

연대 의무에 대한 객관적 기준이 따로 없다는 것으로 인해 가족 간의 견해 차이가 볼썽사나운 불화로 이어지는 경우도 적지 않다. 한 아들만 성공했는데 그는 연대 의무가 크지 않다고 생각하고, 반면 다른 가족들은 연대 의무가 크다고 생각하는 경우에 이런 사태가 일어나곤 한다. 성공한 아들과 다른 가족들이 돈 문제를 넘어 감정싸움을 벌이고, 때로는 문제가 훨씬 더 복잡해지면서 남만도 못한 원수 사이로 갈라지기도 한다.

'가난한 집안의 맏아들 이야기 Ver 2.0'에서처럼, 부모로부터 아무 도움도 받지 못했지만 자수성가해서 성공한 맏아들도 부모와 형제자매들에게 (일반적인) 연대 의무를 가져야 한다는 데는 많은 사람들이 공감할 것으로 판단된다. 그러나 그 경우의 연대 의무가 정확히 얼마나 되어야 하는지 공감할 기준을 찾기란 역시나 매우 어렵다.

일반적인 연대 의무에는 또 한 가지 문제가 있다. 가족 간에는 어느 정도 통할 수 있지만 공동체의 규모가 커지면서 이 의식이 점점 작아진다는 점이다. 형제자매가 어려울 때 경제적인 도움을 주는 경우는 많다. 그러나 같은 마을 사람이라고 해서, 같은 성씨라고 해서, 같은 한국인이라고 해서 전혀 모르는 사람을 도와주는 경우는 많지 않다.

일반적인 연대 의무에 대한 논의는 이 책에서 다루고자 하는 주요 내용이 아니다. 이에 대한 결론은 다른 학자들과 독자들의 몫으로 남겨놓기로 하고 논의의 초점인 '가난한 집 맏아들 이야기 Ver 1.0'으로 다시 돌아가보자.

맏아들을 대학에 보내지 않았다면

가난한 부모의 전폭적인 지원을 받아 혼자 대학에 간 맏아들(Ver 1.0)은, 부모의 도움 없이 대학에 간 맏아들(Ver 2.0)에게는 없는 추가적 의무를 지고 있을까? 그렇다면 그 근거는 무엇일까?

이 집안의 가정사를 되돌려, 부모가 맏아들을 대학에 보내지 않았을 때를 가정해보자. 몇 가지 다양한 가상 시나리오가 나올 수 있다.

- 시나리오 1 : 가난한 부모는 자녀 모두를 대학에 보내지 않았다. 이 경우 부모는 소들을 팔지 않고 농사일을 열심히 함으로써 조금 더 여유로운 농부가 되었다.
- 시나리오 2 : 맏아들 대신 둘째를 대학에 보냈다. 둘째가 대학을 졸업한 후 대기업에 취직해 승승장구하고 있다.
- 시나리오 3 : 맏아들 대신 막내를 대학에 보냈다. 형제 중에 자신이 선택되었다는 사실에 고무된 막내는 치열한 노력 끝에 사법고시에 합격해 고액연봉의 변호사가 되었다.
- 시나리오 4 : 맏아들을 대학에 보내는 대신 맏아들의 사업을 위해 사업 자금을 대주었다.
- 시나리오 5 : 맏아들을 대학에 보내는 대신 둘째나 셋째의 사업을 위해 돈을 보탰다.

가난한 부모가 선택할 수 있었던 시나리오들은 이보다 훨씬 다양하다. 소를 판 돈으로 주식투자를 했을 수도 있다. 소를 팔아 닭이나 돼지를 키웠을 수도 있고, 논이나 밭을 사들였을 수도 있다. 대학을 보내는 경우에도 선택할 수 있는 대학은 무수히 많다. 선택할 수 있는 학과도 많다. 자녀의 사업 자금을 대주는 경우도 마찬가지다. '맏아들을 대학에 보내지 않았을 경우'에 이어지는 모든 가능성들을 나열하는 것은 사실상 불가능하다.

여기서 중요한 것은, 가난한 부모가 맏아들의 미래를 위해 희생을 선택했다는 사실이다. 또한 둘째와 셋째도 본인들의 선택과 무관하게, 맏아들을 위한 부모의 선택으로 말미암아 보이지 않는 희생을 할 수밖에 없었다는 사실이다. 다시 말해 맏아들을 대학에 보내는 선택을 함으로써 그 선택의 대가를 다른 가족들이 부담했다는 것이다. 물론 맏아들도 가만히 앉아서 성공한 것은 아니다. 밤새워 공부하고, 남들보다 열심히 노력해서 그 어려운 의사의 길을 개척했다. 어쨌거나 중요한 것은 맏아들의 성공 뒤에는 자기 자신의 노력뿐만 아니라 가족 모두의 희생이 있었다는 점이다.

결국 가족들의 희생을 바탕으로 성공한 맏아들은 가족의 희생 없이 성공한 맏아들보다 더 많은 의무를 져야 하는 게 당연하다. 자신의 성공을 위해 희생한 가족들이 있고, 자신이 이룬 성공의 대가를 다른 가족들이 일부 지불했다면 어려운 가족을 도와야 하는 일반적인 의무(연대 의무)만으로 자신의 할 일을 다했다고 하기는 어렵기 때문이다.

선택에 따른 희생

가난한 집안의 맏아들이 자신의 성공을 위해 희생한 가족들에게 어떠한 도덕적 의무를 가져야 하는가? 이에 대한 대답을 찾으려면 먼저 가난한 부모가 맏아들을 대학에 보내는 선택을 함으로써 '잃어버린 것'이 무엇인지를 알아야 한다. 다시 말해 맏아들을 대학에 보낸 '선택에 따른 희생'이 무엇인지를 찾아야 한다.[2]

앞에서 살펴본 것처럼 가난한 부모가 맏아들을 대학에 보내는 대신 그 돈을 다른 곳에 사용하는 경우, 이에는 너무도 다양한 시나리오들이 존재한다. 다행히 여기서 그 많은 가능성들을 모두 심각하게 고려할 필요는 없다. 다만 맏아들을 대학에 보내는 것 다음으로 가치 있는 것이 무엇인지에 초점을 맞추면 된다. 이것을 경제학에서는 선택에 따른 희생, 즉 기회비용(opportunity cost: 어떠한 것을 선택함으로 말미암아 포기할 수밖에 없는, 많은 선택 가능성 가운데 가장 좋은 선택 가능성이 지닌 가치)[3]이라 한다.

여기서 기회비용은 어떻게 정리되는가? 여기서는 논의를 쉽게 하기 위해 '다양한 가능성 가운데 가장 좋은 대안이 막내를 대학에 보내는 경우'라고 가정하자. 사법고시에 합격한 막내가 유명 법률 회사에 취직하여 부자가 되었다는 시나리오다. 그럴 경우 막내가 대학 졸업 후 변호사로 성공할 때의 가치가 바로 맏아들을 대학에 보내는 선택의 기회비용이 된다.

가난한 부모는 맏아들을 대학에 보냄으로써 막내가 경제적으로 성공할 기회를 박탈했다. 부모의 선택으로 막내가 희생되었다. 다시 말해 맏아들이 대학에 감으로써 막내가 지금보다 더 성공할 수 있었던 기회는 사라졌고, 그 비용을 막내가 지불한 셈이 된다. 물론 이는 실제적인 희생이 아니라 암묵적인 희생이다. 막내가 실제로 비용을 지불한 것이 아니기 때문이다. 따라서 막내가 지불한 비용은 '실제적인(explicit) 비용'이 아니라 '암묵적인(implicit) 비용'이 된다.

물론 막내가 대학에 갈 경우, 자신이 얻은 것을 다른 가족들과 나눌 수 있었다. 이러한 차원에서 보았을 때 맏아들이 대학을 가는 데 따른 암묵적인 비용을 막내만이 부담한 것은 아니라고 이해될 수 있다. 사실 그 비용은 막내와 다른 가족들이 함께 부담했다고 해야 옳다는 것이다.

맏아들은 왜 보상을 해야 할까 — 제4의 도덕적 의무

맏아들이 대학에 감으로써 다른 가족들이 암묵적인 비용을 지불했다면 의사로서 성공한 맏아들이 그에 상응하는 경제적 보상을 가족에게 해야 함은 너무나도 당연하다. 비용은 다른 가족들이 지불하고 혜택은 맏아들이 모두 가져가는 것은 타당치 않기 때문이다.

맏아들이 가족들에게 지원을 한다면 이는 사랑하는 가족이 자신보다 못살기 때문에 돕는 연대 의무 차원의 지원은 아니다. 비용을 지불한 사람에 대한 보상이며, 그렇기 때문에 보상해야 마땅한 의무인 것이다. 마이클 샌델의 세 가지 도덕적 의무에 포함되지 않은 제4의 도덕적 의무(보상 의무)라고나 할까?

바로 이것이 이 책에서 말하고자 하는 '성공한 맏아들의 도덕적 의무' 다. 성공한 맏아들이 가족에 대해 가져야 하는 연대 의무 이상의 의무, 즉 추가적인 도덕적 의무인 것이다.

한때 우리 앞 세대들이 일반적으로 경험했던 성공한 맏아들 이야기는 많다. 유명 인물 가운데 이러한 사례의 주인공을 꼽으라면 고 정주영 현대그룹 창업자의 예를 들지 않을 수 없다.

강원도 통천에서 가난한 농부의 아들로 태어난 정주영. 가난한 농부의 삶이 싫었던 그는 16살 때 부모가 소를 판 돈 70원을 가지고 서울로 올라왔다. 부모의 재산 일부분을 가지고 혼자 서울로 올라온 것이다. '가난한 집 맏아들' 처럼 대학을 간 것은 아니지만 청년 정주영은 그 돈을 발판으로 한국의 대표적인 기업가로 크게 성공했다. 그리고 다행히 그는 동생들에 대한 자신의 도덕적 의무를 잊지 않았다. 동생들을 서울로 불러들여 각자 하나씩의 그룹을 경영하도록 도와주었다. 한라그룹, 성우그룹, 현대산업개발그룹, KCC그룹, 한국프랜지그룹 등이 그 예다. 서로 도왔다는 것이 더 정확할지도 모른다(다만 이는 당시 현대그룹이 재벌 그룹 차원에서 한국 사회에 대한 도덕적 의무를 다해왔느냐 하는 문제와는 별개의 이야기다).

'가난한 집안의 성공한 맏아들'이 저명한 의사로서 얻는 혜택은 금전적인 것만은 아니다. 사회적으로 인정받는 명예로운 직업이라는 자부심, 다른 사람의 생명과 건강을 구하는 만족감 등도 얻을 수 있으리라. 물론 많은 의사들이 직업을 즐기기만 하는 것은 아니다. 정신적·육체적 고통은 물론 의사로서의 갈등도 있을 것이다. 생명을 다루는 직업이니만큼 가슴 아픈 순간도 많이 겪을 것이다. '그레이 아나토미(Grey's Anatomy)'를 비롯한 여러 메디컬 드라마에서 잘 드러나듯이 병원이란 환자들뿐만 아니라 의사와 레지던트, 인턴들에게도 더없이 바쁘고 고통스러운 세상인 것이다. 이 모든 것을 금전적으로 환산하는 것은 매우 어려운 일이다.

막내가 대학을 가지 못함으로써 얼마만큼의 암묵적 비용을 지불했는지, 이 역시 사실은 정확히 계산하기 어렵다. 실제로 일어나지 않은 일을 계량하기가 어렵기 때문이다. 부모가 피 같은 대학등록금을 대주었건만 막내는 대학을 졸업하지 못했을 수도 있다. 대학을 졸업했다 해도 성공은커녕 청년 백수 신세에 머물러 있을 수도 있다. 물론 그렇지 않았을 수도 있다. 막내는 이렇게 말할 것이다.

"내가 대학만 갔으면 크게 성공했을 거야. 형보다 더 성공했을 거라고. 알아?"

그러나 맏아들이 그 같은 막내 동생의 주장에 동의할 확률은 그다지 크지 않다. 더욱이 막내가 지불한 비용은 다만 암묵적인 비용이다. 실제로 지불한 비용이 아니다. 그렇다면 막내가 지불한 암묵적 비용까지 맏아들이 보상할 필요가 있을까? 정답은 '그렇다'이다. 정주영의 예를 들어도 좋고 그렇지 않아도 좋다. 도덕적으로 논리적으로, 그리고 상식적으로 맏아들은 자신이 대학에 감으로 말미암아 암묵적으로 비용을 지불한 동생들에게 보상을 해야 할 도덕적 의무를 가진다고 할 수 있다.

그렇다면 과연 얼마만큼을 보상해야 할까? 이는 그리 간단한 문제가 아니다. 이 문제는 4장에서 자세히 다룬다.

맏아들의 재산은 가족 공유인가?

'가난한 집안의 성공한 맏아들'에게 가족들에 대한 보상 의무가 있다는 결론에서 한 걸음 더 나아가 맏아들의 재산이 가족 공유의 재산이 되어야 한다는 주장도 가능하다. 물론 성공한 맏아들의 재산이 법적으로 가족 공유의 재산이 되어야 한다는 주장에 동의하는 사람은 그다지 많지 않을 것이다.

그렇다고 법적으로 이를 주장할 근거가 전혀 없는 것은 아니다. 예를 들어 부부의 경우 남편만 직장 생활(혹은 사업)을 하며 소득을 올리더라도 우리나라 법원에서는 아내의 경제적 기여를 인정하고 있다. 생활의 연장으로서 재산을 공동으로 일구었다는 것이다. 이에 따라 이혼 시에는 남편의 재산도 분할 대상이 된다고 법원은 판결했다. 다음 대법원 판결문을 보자.

> "아파트, 전(밭), 퇴직금 채권, 수령보험금 등(중략)은 재 항고인과 상대방이 혼인생활을 통해 공동의 노력으로 취득·형성하고 유지해온 것으로서 실질적인 공동재산에 속하므로 당사자 사이의 협의 이혼에 따른 재산 분할의 대상이 된다."
> – 대법원 2002.8.28 자2002스36 결정

최근에는 이혼을 할 경우 연금까지 아내와 나누어야 한다는 판결도 나오고 있다.

이와는 조금 다르지만 다음과 같은 미국 사례도 있다.

대학에 재학 중이던 아내 재닛(Janet Sullivan)은 남편 마크와
1967년 결혼했다. 결혼한 이듬해에 남편은 의과대학에 진학했
고, 재닛은 아르바이트를 하면서 대학을 졸업했다. 졸업 후 재
닛은 여러 가지 일을 하면서 남편을 뒷바라지했다. 그러나 남
편이 전문의가 된 후 두 사람의 사이는 나빠졌으며, 결국 이혼
을 하게 되었다. 이혼 당시 남편은 의사가 된 지 얼마 되지 않았
기에 두 사람이 가진 재산이라고는 중고 자동차 2대와 가구들이
전부였다. 거의 빈손으로 이혼을 하게 된 재닛은 남편을 상대로
앞으로 벌어들일 소득의 일정 부분을 지급하라고 소송을 냈다.[4]

이야기 자체는 비교적 흔한 내용이지만 법적 소송 과정에서
재닛이 주장한 바는 더 흥미롭다.

"남편의 의대 교육은 부부 공동의 노력과 희생에 의한 것이므
로 부부가 공유하는 것이다. 따라서 의사자격증의 혜택도 공유
되어야 한다."

이 사건에서 아내 재닛은 남편 마크가 자신의 경제적 도움으
로 의사가 되었으므로 의사로서 앞으로 벌어들일 소득의 일정
부분을 지급해야 한다고 주장했다. 요컨대 의사자격증이 있는
사람들이 평생 버는 평균 소득과 의사자격증이 없는 사람들이

평생 버는 평균 소득의 차이를 지급하라는 것. 그것이 아니더라도 이혼하기까지 10년 뒷바라지를 했으므로 의사로서 앞으로 10년 동안 벌어들이는 소득의 절반이라도 지급하라는 주장이었다. 재닛의 주장을 우리의 '가난한 집 맏아들 이야기 Ver 1.0'에 적용하면 어떻게 될까?

> "맏아들의 대학교육은 가족의 희생에 의한 것이므로 가족이 공유하는 것이다. 따라서 대학교육의 혜택도 공유되어야 한다."

이 주장이 받아들여질 경우, 맏아들은 자신이 의사로서 일하며 벌어들인 재산의 일부를 다른 가족들과 공유해야 한다.

이 사건에서 미국 법원은 재닛의 재산공유 주장을 받아들이지 않았다. 그러나 이 사건이 법조계에 커다란 반향을 일으킨 것은 분명하다. 이후 관련 법규의 개정이 이루어졌고, 결국 재닛은 남편의 의대 졸업을 위한 10년의 기간 중에 자신이 벌었던 소득 절반을 위자료로 돌려받게 되었다. 배우자의 교육에 들어간 비용을 위자료로 돌려받을 수 있도록 법이 개정된 때문이다. 이로써 재닛은 남편 소득의 절반은 받지 못했지만 자신이 벌었던 소득의 절반을 돌려받을 수 있었다.

우리나라의 경우라면 어떨까?

우리나라 법원이 (우리나라 사회의 보편적 정서상) 재닛의 재산 공유 주장을 어떻게 받아들일지 궁금하다.

물론 이 책의 초점은 재산분할 문제가 빈번히 발생하는 이혼 소송에 있지 않다. 어려웠던 지난 시절에 대부분의 집안에서 일어났던 성공한 맏아들 이야기에 다시 한 번 주목하자. 성공한 맏아들이 일군 재산에 대한 공유 주장을 우리나라 법원은 어느 정도 받아들일까? 우리나라 사회의 보편적 정서상, 성공한 맏아들의 재산 공유 주장을 어느 정도 받아들이는 것이 타당할까?

공유재산의 위험성

'성공한 맏아들' 재산의 가족 공동소유가 가능한지 아닌지는 법학자들이 먼저 판단할 몫이겠다. 여기서는 맏아들 재산의 가족 공유화가 '경제학적인 차원에서 바람직한지'에 대해 살펴보자.

결론부터 말하자면 이렇다. 의사로서 성공한 맏아들이 다른 가족들에게 어느 정도 보상을 해야 하는 것은 도의상 마땅하지만 그렇다고 맏아들의 재산이 가족 공유의 재산이 되어야 한다는 주장에는 많은 위험성이 따른다.

그 위험성 가운데 하나는 열심히 일할 인센티브(incentive)가 감소할 수 있다는 점이다. 자신이 버는 소득이 온전히 자신의 것이 아닌 공유의 재산(또는 공동체 소유의 재산)이 될 경우 사람들은 열심히 일할 동기를 잃을 수 있다. 일하는 것 자체가 그저 즐겁다면 문제가 없겠지만 대부분의 인간은 일하기를 싫어한다. 열심히 일하며 그 고통을 감수하는 이유는 단 하나이다. 그로 인해 돌아오는 보상 때문이다. 그게 아니라면 열심히 일을 할 인간은 많지 않은 게 현실이다.

가족이 개입된 경우라 해도 이러한 문제는 여전히 발생할 수 있다. 재산이 가족 공동의 소유인 경우, 열심히 일할 인센티브는 줄어들기 마련이다. 개입된 가족의 숫자가 크면 클수록 열심히 일할 인센티브는 더욱 줄어들게 될 것이다.

그래도 가족 간에는 조금 낫다고 할 수 있다. 잘 모르는 사람과 재산을 공유하는 경우 인센티브 감소 문제는 더 심하게 나타날 수 있다.

맏아들의 재산이 가족 공동의 소유가 되는 경우, 애초에 맏아들은 의사가 되기 위해 열심히 공부하지 않을 수 있다. 의사가 되더라도 열심히 일하지 않을 수도 있다. 이것이 재산 공유의 첫 번째 위험성이다.

맏아들 재산의 가족 공유화가 불러올 또 다른 위험은 공유 재산이 낭비될 수 있다는 것이다. 예를 들어 주인이 없거나 공동의 소유인 호수가 있다고 해보자. 이 호수의 수자원을 보호하겠다는 사람은 거의 없게 된다. 자신의 소유가 아니기 때문에 애써

자원 보호에 나서봐야 자신에게 돌아오는 것이 그에 못 미치기 때문이다. 이에 따라 호수의 물고기는 씨가 마르고 환경은 오염되는 악순환이 이어진다. 이렇듯 공유재산이나 공공자원이 고갈·오염·남용되는 현상을 공유의 비극 또는 공유자원의 비극(tragedy of commons: 소유권이 명확히 설정되어 있지 않거나 공동의 소유인 자원이 고갈·오염·남용되는 현상)이라 한다.

맏아들이 벌어들인 재산이 가족 공유의 재산이 되었다고 생각해보자. 이때도 공유자원의 비극이라는 현상이 일어날 수 있다. 맏아들을 포함한 식구들이 재산(공유자원)을 남용할 개연성이 작지 않다. 다시 말해 개개인 모두 '재산을 낭비할 인센티브'를 가질 수 있다는 것이다. 재산은 공동 소유인 데 반해 자신이 돈을 쓰는 행위에서 오는 만족은 자신이 모두 가져가기 때문이다.[5]

부모의 선택은 최선이었나

최선을 판단하는 기준

맏아들만을 대학에 보낸 가난한 부모의 선택은 최선이었을까?

이 의문의 답을 얻기 위해 '무엇이 최선인지'를 판단하는 도덕적 기준에 어떠한 것들이 있는지 먼저 살펴보자.

벤담의 주장

선(善)을 판단하는 도덕적 기준 가운데 대표적인 하나가 제레미 벤담(Jeremy Bentham)[6]이 주장한 공리주의(功利主義, utilitarianism)다. 공리주의는 도덕의 최고 원칙을 '행복과 쾌락을 극대화하고 고통을 최소화하는 것'으로 본다. 다시 말해 공리주의는 인간이

행복을 좋아하며 고통을 싫어한다는 것을 인정하고, 이를 근거로 "정부기관이 공동체 전체의 행복을 극대화하는 일을 해야 한다"고 주장한다.

그렇다면 공동체 전체의 행복은 무엇인가? 이 문제와 관련해 벤담은 "공동체란 것이 허구적인 집단에 불과하기 때문에 공동체를 그 구성원인 개인들의 총합으로 보아야 한다"고 결론지었다.[7] 따라서 공동체 전체의 행복은 그 구성원인 개인들의 행복의 총합이 되는 것이다.

예를 들어 4명의 구성원이 살고 있는 공동체가 있다고 가정해보자. 이곳의 정부가 선택할 수 있는 정책은 A, B, C, D 네 가지다. 각각의 정책을 선택할 때 각각의 구성원이 얻게 될 소득과 전체 소득은 그림과 같다.

공리주의에 따를 때, 네 가지 정책 가운데 가장 바람직한 선택은 정책 A가 된다. 행복이 소득수준과 정비례한다는 가정하에 A를 선택할 경우 구성원들이 얻는 소득의 합계가 가장 크기 때문이다.[8] 정책 A를 선택할 때 구성원들이 얻는 소득의 합계는 54억 원이다. 이는 정책 B를 선택할 때의 11억 원이나 C의 17억 원, D의 36억 원보다 크다.

반면 정책 B는 공리주의 차원에서 보면 최악의 선택이다. 구성원들이 얻는 소득의 합계가 11억 원으로 가장 작기 때문이다.

이러한 공리주의는 알게 모르게 우리의 생각 속에 깊이 자리

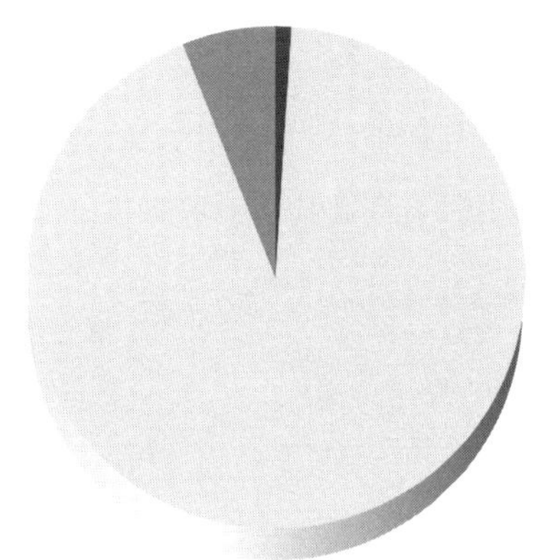

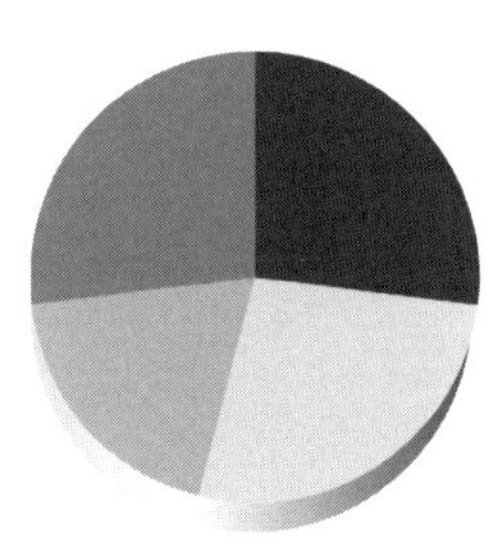

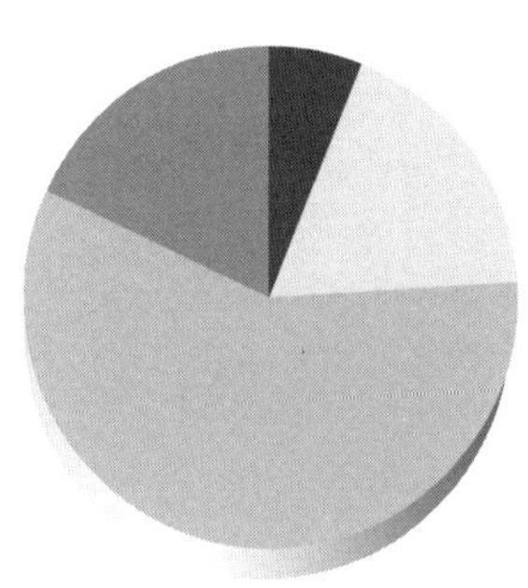

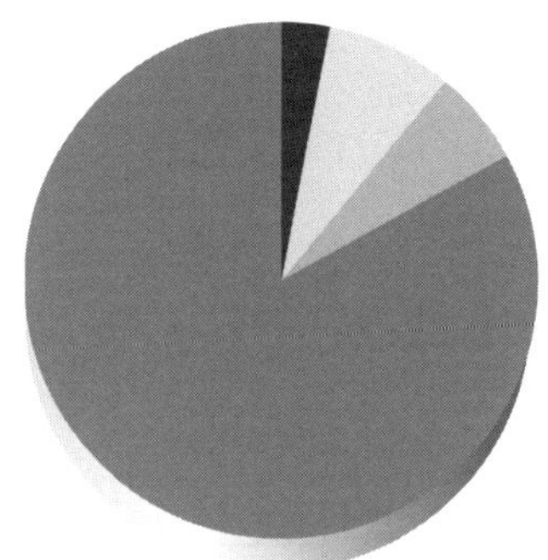

주 : 위의 그림에서 각기 다른 정책을 선택할 때 얻게 되는 파이(pie)를 구성원들이 이렇게 나누어 갖는지를 쉽게 알 수 있다.

잡고 있는 가치 기준이다. 대규모의 공공 프로젝트를 앞두고 이를 시행할지 말지 판단할 때 또는 다양한 정책 대안들 가운데 어떤 것이 바람직한지를 판단할 때 널리 이용되는 것이 비용-편익 분석(cost-benefit analysis)이다. 특정 프로젝트나 정책이 가져오는 편익(benefit)과 비용(cost)을 모두 금전화 함으로써 '전체편익 마이너스 전체비용'의 부호(+, -)와 크기를 가지고 정책을 선택하는 방식이다.

그런데 비용-편익 분석은 공리주의적인 가치 판단을 반영하고 있다. 누가 편익을 얻고 누가 비용을 지불하는지는 묻지 않고 오로지 '전체편익 - 전체비용'을 가지고 정책을 선택하기 때문이다. 비용을 지불해야 하는 사람이 왜 비용을 지불해야 하는지도 묻지 않는다. 이득을 얻는 사람이 왜 이득을 얻어야 하는지도 묻지 않는다.

누군가 한미 자유무역협정(FTA)을 체결해야 한다고 주장하면서, 자유무역에 따른 전체적인 플러스 효과가 마이너스 효과보다 훨씬 크다는 사실을 근거로 제시했다고 해보자. 이러한 주장도 암묵적으로 공리주의적 가치 판단을 앞세운 것이다. 자유무역협정의 전체적인 효과가 플러스인지, 마이너스인지에만 초점을 맞추고 있기 때문이다.

마이클 샌델은 이와 같은 공리주의를 몇 가지 차원에서 비판하고 있다.

첫째, 각각의 선택이 구성원 모두에게 주는 행복을 금전적 가치로 환산하기 어렵다. 공리주의를 적용하자면 때때로 인간의 존엄성이나 생명의 가치도 경제적인 지표로 환산되어야 하는데, 이는 매우 비인간적이라는 것이다.

둘째, 공리주의는 구성원들의 권리를 무시할 가능성이 있다. 사회 전체적으로는 특정한 정책의 편익이 비용보다 크다 하더라도 그 정책을 추진하는 과정에서 특정 구성원의 권리를 침해할 수 있기 때문이다.[9] 비용을 지불하지 않아도 되는 사람이 비용을 지불했다면 이는 타당하지 않다.

다만, 샌델의 주장과는 달리 권리의 문제는 공리주의뿐만 아니라 아래에서 다룰 롤스의 기준에 있어서도 문제가 될 수 있다. 공리주의적인 선택이 일부 구성원의 권리를 침해할 수 있듯이 롤스적인 선택도 다른 일부 구성원의 권리를 침해할 수 있기 때문이다. 예를 들면 공리주의에 따라 A를 선택할 때 암묵적으로 피해를 입는 구성원들이 생기듯 롤스적인 기준에 따라 B를 선택할 때도 암묵적으로 피해를 보게 되는 다른 구성원들이 생기게 된다.

롤스의 주장

공리주의와 다른 차원에서 선을 판단하는 도덕적 기준을 제공한 사람으로 존 롤스(John Rawls)[10]를 꼽을 수 있다. 롤스는 두 가지 '정의의 원칙'을 제시했다. 하나는 모든 사람이 동등한 기본적 자유에 대한 완벽한 권리를 가져야 한다는 것이다. 그리고 하나는 '최소 극대화의 원칙(MaxMin principle)'이다.[11] 이는 '사회적으로 가장 불리한 위치에 있는 사람의 복지를 극대화하고 기회의 평등을 확보하는 것이 정의'라는 원칙이다.[12]

앞에서 살펴본 정책 선택의 사례에서, 최소 극대화 원칙은 어떤 식으로 적용될까?

최소 극대화 원칙을 적용할 경우, 각각의 선택에서 소득이 가장 낮은 사람의 소득 수준이 얼마인지만을 고려하면 된다. 이 기준에 의하면 정책 B가 가장 바람직한 선택이 된다. '소득이 가장 낮은 구성원'의 소득이 가장 높은 선택이 정책 B인 것이다.

자세히 설명하면, B 정책을 선택했을 때 가장 낮은 소득을 얻는 사람은 구성원 3으로서 그 소득 수준은 2억 원이다. 반면 A 정책을 선택했을 때 가장 낮은 소득을 얻는 사람은 구성원 3으로서 그 소득 수준은 0억 원이고, C 정책을 선택했을 때 가장 낮은 소득 수준을 얻는 사람은 구성원 1로서 1억 원이다. D 정책을 선택했을 때 가장 낮은 소득을 얻는 사람은 구성원 1로서 1억 원이다. 이 가운데 가장 높은 소득 수준은 2억 원이므로, B 정책이 최선의 선택이 되는 것이다.

같은 이유로 정책 A는 최악의 선택이 된다. 소득이 가장 낮은 사람의 소득 수준이 0억 원으로 가장 낮기 때문이다.

롤스의 기준에 따르면, 정책 결정자는 그 사회에서 가장 가난

최소 극대화에 따른 선택

정책 A를 선택할 때 구성원들의 소득

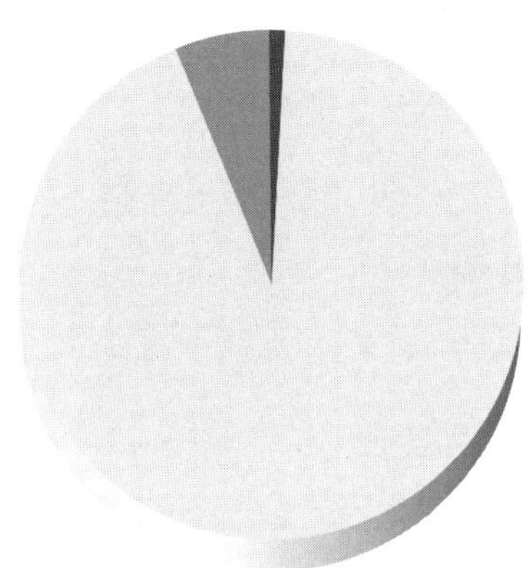

- 구성원 1: 1억 원
- 구성원 2: 50억 원
- **구성원 3: 0억 원(최소)**
- 구성원 4: 3억 원

정책 B를 선택할 때 구성원들의 소득

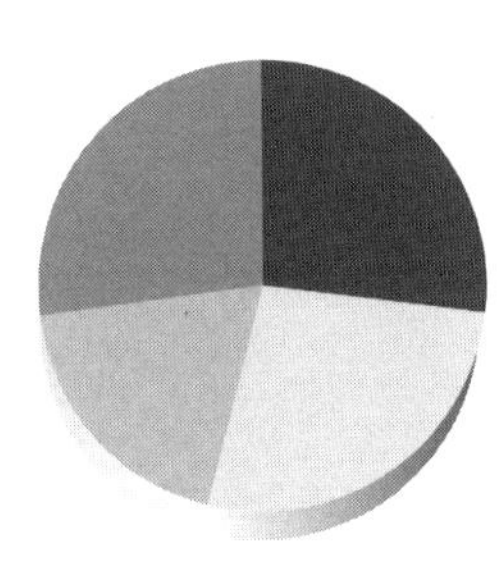

- 구성원 1: 3억 원
- 구성원 2: 3억 원
- **구성원 3: 2억 원(최소)**
- 구성원 4: 3억 원

정책 C를 선택할 때 구성원들의 소득

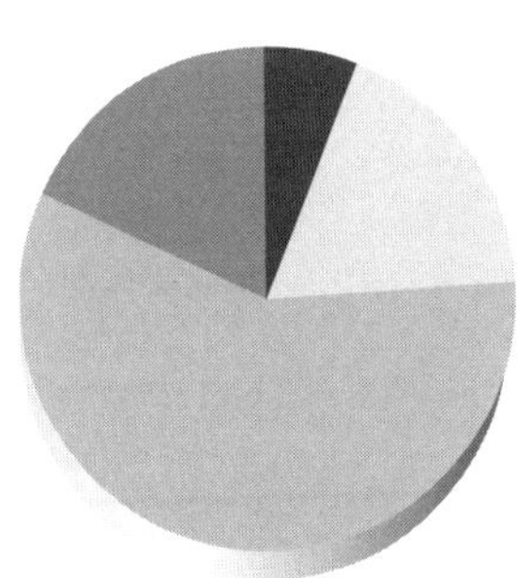

- **구성원 1: 1억 원(최소)**
- 구성원 2: 3억 원
- 구성원 3: 10억 원
- 구성원 4: 3억 원

정책 D를 선택할 때 구성원들의 소득

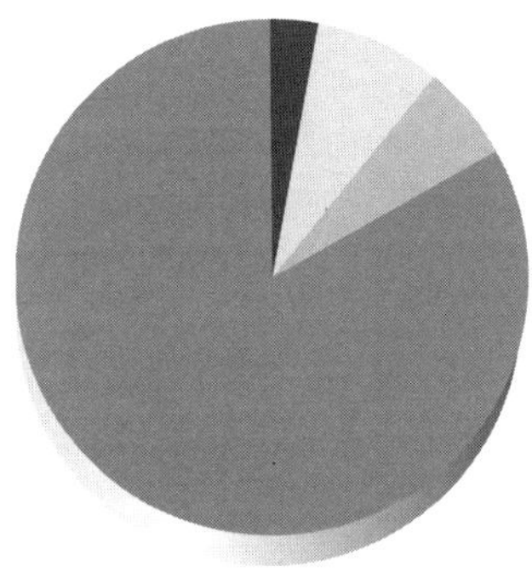

- **구성원 1: 1억 원(최소)**
- 구성원 2: 3억 원
- 구성원 3: 2억 원
- 구성원 4: 30억 원

하고 어려운 사람의 살림을 돌보는 데 정책의 초점을 맞추어야
한다. 이것이 바로 최소 극대화이다. 가장 가난하고 어려운 사람
(최소)이 잘살도록(극대화) 해야 하기 때문이다.

롤스는 평등주의자로 알려져 있다. 경제적 자원이 일정 수준
으로 고정되어 있을 때, 정해진 자원을 '롤스의 기준'에 맞게 분
배하려면 똑같이 나누는 방법밖에 없기 때문이다.

성경에도 롤스의 기준과 유사한 기준이 적용된 사례가 나온
다. 포도원 주인이 아침부터 일한 일꾼, 점심부터 일한 일꾼, 그
리고 오후부터 일한 일꾼들에게 모두 똑같은 금액을 지급하는
이야기다.[13] 일찍부터 일한 일꾼들이 부당하다고 불평을 하자 포
도원 주인은 이렇게 말한다.

> "네 것이나 가지고 가라. 나중 온 이 사람에게 너와 같이 주는
> 것이 내 뜻이니라."
>
> – 마태복음 20장 14절

롤스의 기준은 가장 어려운 사람을 배려한다는 점에서 바람직
하지만 장기적으로는 좋지 않은 결과를 가져올 가능성도 있다.
공리주의는 공동체 전체의 파이 크기를 극대화한다. 따라서 분
배를 어떤 식으로 하건 후손들은 공동체 차원에서 가장 커다란
파이를 물려받게 된다. 반면 롤스의 이론은 파이를 극대화하는

작업과는 거의 무관하다. 따라서 매 세대마다 이런 일들이 반복될 경우, 롤스의 기준을 따르면 파이가 계속해서 작아질 가능성이 높다. 다만 현실적으로는 롤스의 기준에 따라 소득분배가 잘 이루어져야 경제성장률이 더 높다는 주장도 제기되고 있으므로 여기서는 그 가능성만을 언급하기로 한다.[14]

자유시장주의

자유시장주의는 선을 판단하는 도덕적 기준을 제시하지 않고 있다. 그러나 이 책에서 다루는 사례에 대해 자유시장주의자들이 어떤 견해를 내놓을지는 쉽게 짐작할 수 있다.

극단적인 자유시장주의자는 정부가 국방 및 질서유지 기능만 수행하고, 경제 주체의 경제 활동에 어떠한 간섭도 하지 말아야 한다고 주장한다. 이를 '자유방임주의(laissez-faire)'라 한다. 대표적인 자유방임주의자는 경제학의 아버지로 불리는 애덤 스미스(Adam Smith)다.[15] 이 같은 자유시장주의는 인간의 자유를 가장 중요한 원칙으로 삼고 있다는 점에서 자유주의와 일맥상통하는 점이 있다. 자유시장주의자들은 자유시장경제가 바람직한 이유로 '시장이 효율성을 달성해주기 때문'이라고 주장한다. 그래서 스미스는 시장을 '보이지 않는 손(invisible hand)'이라고 불렀다. 자유시장주의의 의미는 다음과 같은 스미스의 글에 잘 나타나 있다.

"모든 개인은 공익을 증진할 의도도 가지지 않았으며 또한 그 자신이 얼마나 공익에 기여하는지도 알지 못한다. 그는 단지 자신의 이익만을 목표로 추구한다. 이 과정에서 그는 '보이지 않는 손'에 이끌려 자신의 의도와는 아무 상관없는 어떤 목적을 증진시킨다. 그의 의도가 이러한 목적 달성과 아무런 관계가 없는 것이었다고 해서 이로 인해 항상 사회가 손해를 보는 것도 아니다. 개인이 공익의 달성을 의도적으로 추구하는 경우보다도 그 자신의 사익을 추구함으로써 사회적 목적을 보다 더 효과적으로 증진시키는 경우가 흔하다. 나는 공익을 앞세우는 사람들이 좋은 일을 이루어놓은 것을 본 적이 없다."[16]

따라서 극단적인 자유시장주의자라면 정부의 선택 자체가 불필요하다고 주장할 것이다. 심지어 정부의 선택이 없는 것이 더욱 바람직하다고 주장할 수 있다. 정책 A, B, C, D에 대해 고민할 필요 없이 정부가 구성원들의 재산권만 명확하게 해주면 네 명의 구성원들이(또는 시장이) 알아서 바람직한 선택을 한다는 것이다.[17]

소 판 돈을 어떻게 할 것인가

선을 판단하는 도덕적 기준이 앞에서 설명한 것들만 존재하는 것은 아니다. 그러나 논의를 위해 대표적으로 공리주의, 롤스, 자유시장주의 세 가지 기준만을 고려하기로 한다. 이제 우리의 '성공한 맏아들 이야기'에 이 기준들을 적용해보자.

여기서 A, B, C, D는 국가적인 정책이 아니다. '소 판 돈을 어떻게 할 것인가'에 대한 가난한 부부의 선택이다. 부모의 선택으로 이 집안의 형세는 크게 달라질 것이다. 이에 따라 부모, 맏아들, 둘째, 셋째의 재산도 달라진다.

대졸 실업자 문제가 심각한 이 시기에, 이 형제들은 얼마나 능력이 좋기에 대학만 졸업했다 하면 몇 십억 대의 갑부가 되는 건지 의아한 독자들도 있을 것이다. 그러나 이 수치들은 이론상의 편의를 위한 것이다. 나중에 알겠지만 몇 십억 원의 수치들을 사용하는 또 다른 이유는 '성공한 맏아들 이야기'를 한국의 기업과 부자들에게 적용하기 위해서다.

그런데 66쪽의 A, B, C, D 네 가지 경우에 따라 각각 나타나는 수치들이 어딘지 낯익지 않은가? 이는 57쪽과 61쪽에서 나왔던 4명의 구성원이 살고 있는 공동체의 정부가 선택할 수 있는 정책들과, 그 정책에 따라 나타나는 구성원들의 소득과 똑같은 수치다.

이 경우, 가난한 부모는 어떤 선택을 해야 할 것인가?

앞에서 다룬 선택의 문제와 수치가 동일한 만큼 공리주의자들은 당연히 맏아들만 대학을 보내는 A를 선택할 것이다. 가족들

가난한 부모의 선택 1 (부모 재산을 포함한 경우)

선택 A: 맏아들의 대학등록금만 대주는 경우

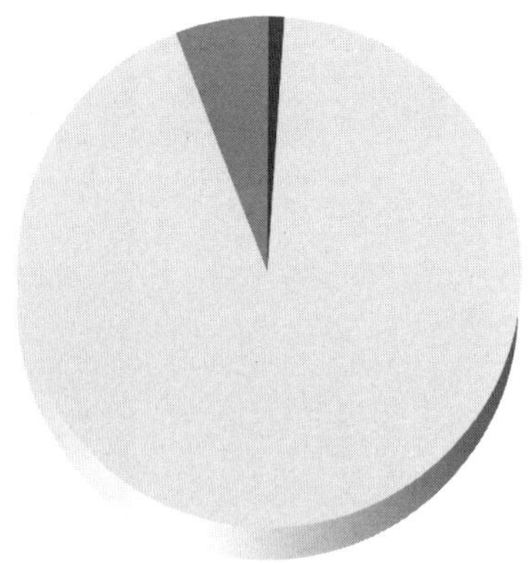

선택 B: 소들을 팔지 않고 키우면서 농사를 짓는 경우 (결국 어느 자녀도 대학에 진학하지 않는다)

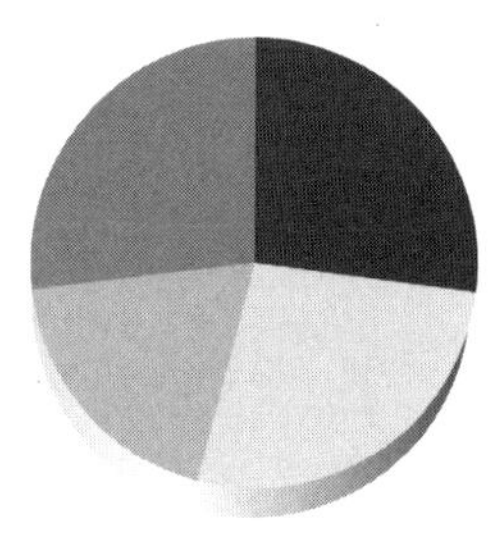

선택 C: 둘째의 대학등록금만 대주는 경우

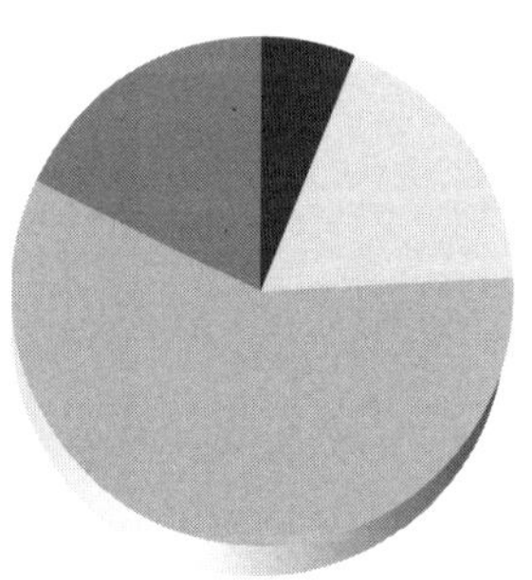

선택 D: 셋째의 대학등록금만 대주는 경우

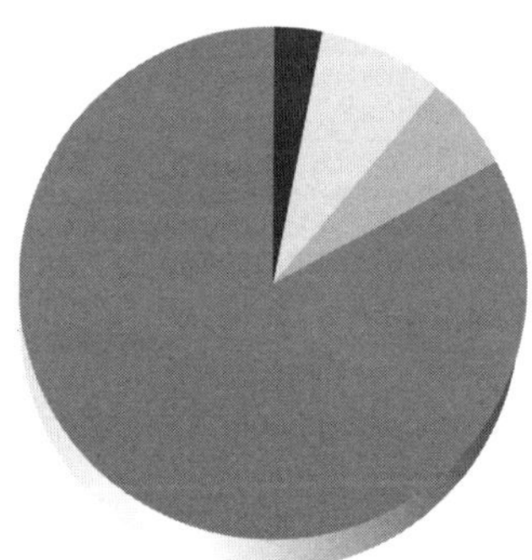

재산의 합계가 54억 원으로 가장 크기 때문이다. 반면 공리주의 차원에서 가장 나쁜 선택은 아무도 대학에 보내지 않는 선택 B가 된다. 가족 재산의 합계가 11억 원으로 가장 적기 때문이다.

롤스라면 당연히 모든 자녀들을 대학에 보내지 않는 B를 선택할 것이다. 재산이 가장 적은 사람의 소득수준이 2억 원으로 네 가지 선택 가운데 가장 높기 때문이다. 반면 롤스의 기준에 따르면 맏아들만 대학에 보내는 A가 가장 나쁜 선택이 된다. 맏아들을 대학에 보낼 경우 심지어 재산이 없는(0억 원) 사람까지 나타나기 때문이다.

자유시장주의자라면 어떤 주장을 할까? 극단적인 자유시장주의자라면 '부모가 등록금을 안 대주면 자녀들이 대학에 진학하지 못한다'는 가정 자체가 틀렸다고 주장할 것이다. 요컨대 학자금대출 등을 통해 부모에게 손 벌리지 않고도 대학에 진학할 수 있다는 논리다. 그뿐 아니다. 집안 사정이 매우 어려워 세 자녀 가운데 1명만이 대학에 진학할 수밖에 없는 상황에도, 누가 대학에 갈 것인가를 부모가 선택하지 말아야 한다고 극단적인 자유시장주의자들은 주장할지 모른다.

선택을 시장에 맡겨야 능력 있는 사람이 대학에 가게 된다는 이야기다. 왜냐하면 부모는 어떤 자녀가 더 능력이 있는지, 대학에 진학하면 누가 가장 크게 성공할지 모르기 때문이다. 더불어 능력 대신 평소 집안일 잘하고 말 잘 듣는 자녀를 선택할 가능성도 있기 때문이다.

물론 이와 같은 극단적인 자유시장주의자들의 주장은 현실을 잘 반영하지 못한다. 만일 그들의 주장이 옳다면, 등록금이 없어서 대학에 진학하지 못하는 학생은 현실에서 거의 없어야 한다. 대학에 진학해도 졸업을 못하거나 졸업을 하더라도 빌린 돈을 갚지 못하는 일부 학생들을 제외하고는 말이다. 그러나 현실은 그렇지 못하다.

부모의 행복은 자녀들의 재산 수준이다?

다시 한 번 롤스의 예를 들어보자. 그의 기준에 따르면 가난한 부모는 자녀를 대학에 보내는 대신 자신의 재산을 불리는 B를 택하는 것이 바람직하다. 하지만 현실적으로 그러한 선택을 하는 부모는 극히 적다.

롤스의 기준에 문제가 있는 것일까? 아니면 우리가 고려하지 못한 다른 요인이 있는 것일까?

자녀들 누구도 대학에 보내지 않는 선택이 현실적으로 설득력이 낮은 이유는 하나다. 대부분의 부모가 자신보다 자녀를 먼저 생각하고, 자신보다는 자녀들이 잘되기를 바라는 마음 하나만으로 힘든 세상살이를 이겨내기 때문이다. 이러한 경우 부모의 재산 증식은 부차적인 문제일 수 있다.

실제로 우리 부모님들은 자신의 행복을 자녀들이 잘되는 것에서 찾았다. 자신들은 못 입어도 자녀들은 깨끗한 옷을 입히고, 자신들은 잘 못 먹어도 자녀들에게는 좋은 것을 먹이고자 노력하였다. 자녀들만 잘되면 자신들은 어떻게 되어도 행복해하는 경우가 많았다. GOD의 노래 '어머님께'의 한 구절 "어머님은 짜장면이 싫다고 하셨어"가 떠오른다. 이것이 실제 우리 부모님의 모습이다.

그리하여 우리 부모님의 행복은 자신의 재산이 아니라 자녀들의 재산 수준에 달려 있다는 결론이 가능해졌다. 그리고 이 경우 A, B, C, D 네 가지 경우 중 하나를 선택하는 데 있어 '부모 자신의 재산'을 제외하고 생각할 수 있다.

그 결과 선택의 문제는 더욱 단순해진다.

이때도 공리주의와 롤스의 어느 기준을 택하느냐에 따라 최선의 선택은 달라진다(자유시장주의는 부모가 등록금을 대주어야 대학에 갈 수 있다는 우리의 가정부터 틀렸다고 주장할 것이므로 그 문제는 여기서 더 이상 다루지 않는다).

공리주의에 따르면, 맏아들만을 대학에 보내는 A가 최선의 선택이 된다. 자녀들 재산의 합계가 53억 원으로 최대이기 때문이다. '가장 큰 능력을 펼칠 수 있는' 유능한 자녀가 대학에 가야 한다는 것이 공리주의의 입장인 것이다.

가난한 부모의 선택 2 (부모 재산을 제외한 경우)

선택 A: 맏아들의 대학등록금만 대주는 경우

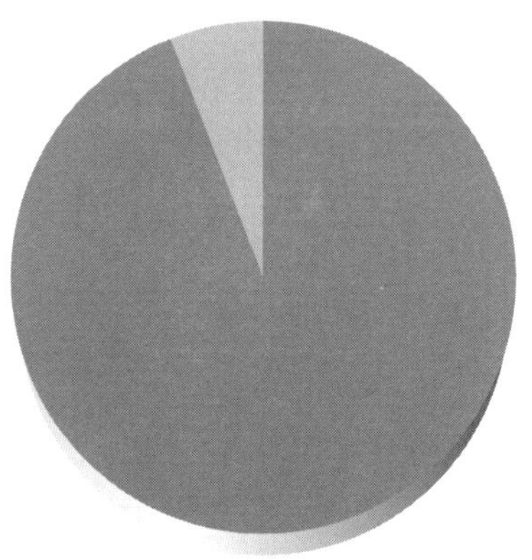

선택 B: 소들을 팔지 않고 키우면서 농사를 짓는 경우 (결국 어느 자녀도 대학에 진학하지 않는다)

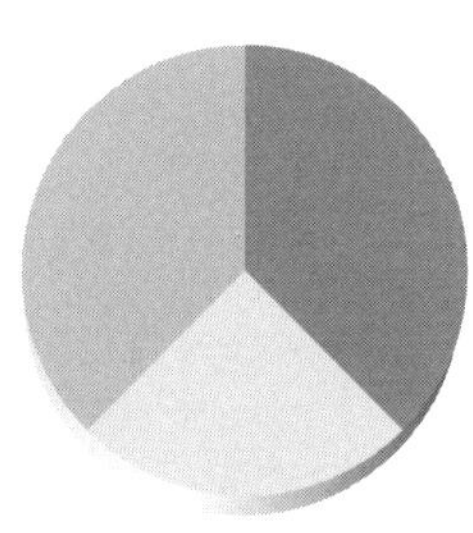

선택 C: 둘째의 대학등록금만 대주는 경우

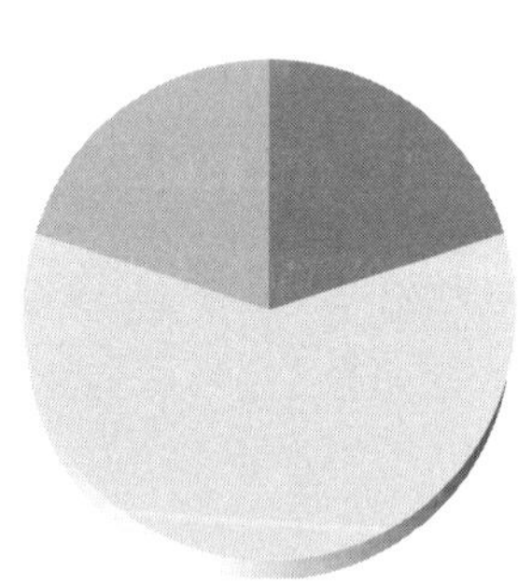

선택 D: 셋째의 대학등록금만 대주는 경우

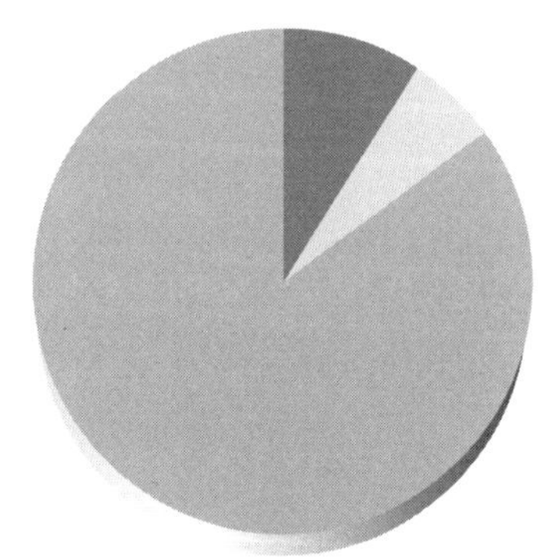

롤스의 기준에 따르면, 둘째를 대학에 보내는 C가 최선의 선택이 된다. 재산이 가장 적은 사람의 형편이 둘째가 대학에 가는 경우에 그나마 가장 낮기 때문이다. 여기서 알 수 있듯이 둘째는 대학에 가더라도 크게 성공할 수 있는 사람이 아니다. 그럼에도 불구하고 롤스의 기준에 의하면 둘째를 대학에 보내야 한다. 일반적인 상식과는 조금 맞지 않을 수 있지만 나름 일리는 있다. 둘째는 대학에 가야 그나마 어느 정도 먹고 살 수 있기 때문이다.

그리고 롤스의 기준에 따르면 대학 졸업 후 가장 성공할 수 있는 맏아들을 대학에 보내는 것이 가장 나쁜 선택이 된다. 언뜻 보면 이상하지만 이것도 나름 일리가 있다. 맏아들을 대학에 보내면 둘째가 너무 못살게 되기 때문이다.

흥미로운 점은 공리주의와 롤스의 기준 말고도 최선을 판단하는 기준이 더 있을 수 있다는 점이다.

먼저 기회가 사전적으로 평등하게 주어져야 한다는 원칙이 있을 수 있다. 이에 따르면, 아무도 대학에 보내지 않는 선택 B가 최선이 된다. 대학을 보내려면 모두 보내야 하고, 보내지 않으려면 아무도 보내지 않아야 하는데, 형편이 어려워 모두 보낼 수는 없기 때문이다.

결과적인(사후적인) 평등을 강조하는 가치관도 있을 수 있다. 이에 따르면, 나누고 베풀기를 가장 좋아하는 '착한' 자녀를 대학에 보내는 것이 최선일 수 있다.

'유교적 장자 상속'이라는 전통 정서와 맞물려 장자를 우선시하는 가치관도 있다. 이에 따르면, 훗날의 소득 수치들이 어떻든 맏아들을 대학에 보내는 선택 A가 최선이 된다.

부모가 특정한 자녀를 편애할 수도 있다. 예를 들어 가장 어리고 귀여운 막내를 부모가 편애하는 경우라면 막내를 대학에 보내는 선택 D가 최선이 될 수도 있다.

내가 부모라면 어떤 선택을 할까?

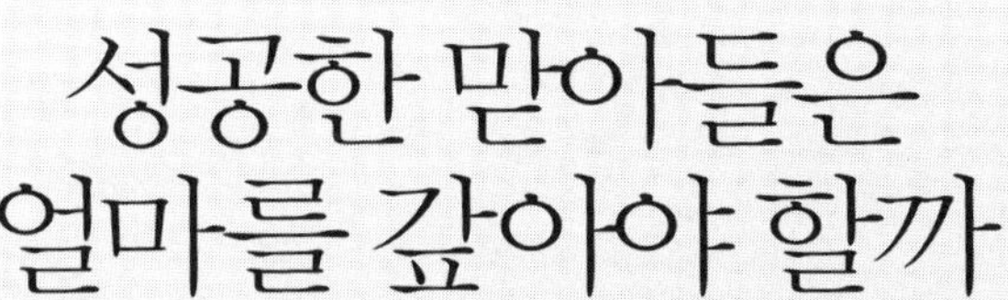

성공한 맏아들은
얼마를 갚아야 할까

다시 처음으로 돌아가보자. 가난한 부모의 선택을 받은 사람은 소를 판 돈으로 학비를 지원받았던 맏아들이었다. 그리고 의사가 된 맏아들은 큰 부자가 되었다. 맏아들이 대학에 감으로 인해 동생들은 얼마만큼의 암묵적 비용을 지불했을까? 이에 따라 맏아들은 동생들에게 얼마만큼을 보상하는 것이 타당할까?

눈에 보이지도 않고 예측하기도 어려운 가치를 계산하는 과정만큼 어렵고 지루한 수학은 없을 것이다. 현실적으로도, 맏아들의 도덕적 의무를 금전적으로 계산한다는 것이 큰 의미가 없을 수도 있다.

따라서 이론적 수치 계산에 관심이 없는 독자는 다음 장으로 건너뛰기를 권한다. 단 하나 중요한 사실은 맏아들이 동생들에게 보상해야 하는 금액은 부모에게서 받은 대학등록금만큼의 금액이 아니라는 것이다. 맏아들의 도덕적 의무는 이보다 엄청나게 크다. 자기가 가진 재산(50억 원)의 상당 부분을 동생들에게 보상할 도덕적 의무가 있기 때문이다.

도덕적 의무 계산해보기

바로 앞에서 다루었던 사례(헌신적인 부모의 선택)를 통해 맏아들의 도덕적 의무를 금액으로 계산해보자. 부모가 A, B, C, D의 선택 가운데 실제로 맏아들을 대학에 보내는 A를 택했고, 그로 인해 맏아들은 50억 원의 재산가가 되었다는 가정하에서이다. 이러한 일이 실제로 벌어졌을 때 맏아들은 동생들에게 얼마만큼을 보상해야 할까? 여기에는 다음과 같은 여러 가지 주장이 있을 수 있다.

- 주장 1 : 맏아들을 대학에 보낼지를 결정하는 것은 전적으로 부모의 권리다. 부모가 권리를 행사한 것에 대해 맏아들이 보상할 이유는 없다. 따라서 맏아들은 동생들에게 보상을 할 필요가 없다.

  이는 일종의 '부모 권리론'이다. 양육권을 갖고 있는 부모가 대학에 보낼 아들을 선택할 권리도 갖는다는 것이다. 권리를 가진 부모의 선택으로 대학에 간 것뿐이기에 맏아들이 동생들에게 보상을 할 필요가 없다는 것이다. 법적으로는 그와 같은 주장이 맞을 수 있다. 그렇다고 맏아들의 도덕적 의무마저 없어지는 것은 아니다. 자신의 성공이 동생들의 희생 위에서 이루어졌기 때문이다.

● 주장 2 : 맏아들이 대학에 가는 것은 맏아들의 권리이다. 따라서 맏아들은 동생들에게 보상을 할 필요가 없다.

이는 일종의 '맏아들 권리론'이라 할 수 있다. 맏아들에게 제사와 부모 부양의 의무가 있듯이 대학에 가는 권리도 첫째인 맏아들에게 있다는 주장이 그 하나다. 사실 1960~70년대 농촌사회에서는 흔히 찾아볼 수 있는 사례였다. 그러나 '맏아들 권리론'은 부모가 선택을 했다는 사실과 다소 충돌한다. 맏아들이 권리를 갖고 있으면 부모가 선택을 할 이유가 없어지기 때문이다. 평등주의적인 시각에서도 그 같은 주장은 설득력이 높지 않다.

● 주장 3 : 대학에 가서 성공한 맏아들은 자신의 재산을 동생들과 똑같이 공유해야 한다.

이는 맏아들의 재산이 '가족 공유의 재산'이라는 주장이다. 가족 공유의 재산이 되어야 한다는 주장의 위험성은 2장에서 이미 설명한 바와 같으므로 여기서는 더 다루지 않는다.

● 주장 4 : 맏아들은 자신이 대학에 감으로써 각각의 동생들이 입은 암묵적인 손해를 모두 보상해야 한다.

이는 둘째와 막내가 대학에 가지 못함으로써 입은 피해를 맏아들이 모두 보상해야 한다는 것이다. 그러나 이 주장에는 문제점이 있다. 이는 다음과 같은 아주 간단한 사례를 통해 알 수 있다.

'세 명 다 10억 원'의 사례

"세 사람 가운데 누가 대학에 가더라도 10억 원의 재산을 벌고, 다른 사람들의 재산은 0이 되었을 것이다."

이러한 경우, 자녀들의 재산은 다음과 같이 된다.

- 대학에 간 사람의 재산 : 10억 원
- 대학에 가지 못한 두 사람의 재산 : 0원

누가 대학에 갔어도 그 사람의 재산은 10억 원이 되었을 것이라는 말이다. 이 경우, 대학에 가지 않은 나머지 두 사람이 입은 암묵적 손해는 각각 10억 원씩이 된다. 대학에 간 사람이 대학에 가지 못한 두 사람의 손해를 모두 보상하려면 각각 10억 원씩, 20억 원을 보상해야 하는데, 이는 타당하지 않다. 대학에 간 사람의 재산이 10억 원밖에 되지 않기 때문이다.

따라서 대학에 간 사람이, 대학에 가지 못한 사람들이 입은 암묵적 손해를 모두 보상해야 한다고 말하기는 어렵다. 그러므로 우리의 '성공한 맏아들'도 동생들 각자가 입은 손해를 모두 보상할 필요는 없다. 그렇다면 동생들을 위한 보상은 어느 정도가 마땅할까?

대학 갈 권리를 경매에 부치다

그 대답을 찾기 위해, 엉뚱한 이야기 한 토막을 꺼내보려 한다. 대학에 가는 권리(특혜)를 놓고 세 자녀가 경매(auction)[18]를 벌인다는 가정이다. 경매 물품은 대학등록금이요, 경매 출품자는 가난한 부모이다.

어째서 하필 경매냐고 의아해하는 독자도 있을 것이다. 경매는 자원을 공정하고 투명하게 배분하는 대표적인 방법이다. 경매는 모든 참가자에게 공정한 기회를 부여한다. 따라서 특정인에게 특혜를 주지 않으면서 자원을 배분하는 방법이 된다. 경매의 낙찰가 등 결과를 분석하면 맏아들이 부모로부터 받은 특혜의 정도를 알 수 있다. 뒤집어 말하면 동생들이 입은 손해의 정도도 알 수 있게 되며 손해의 정도를 알면 손해 보상의 정도도 알 수 있게 된다.

경매에는 다양한 방법이 있다. 법원 경매처럼 자신이 사고자 하는 금액(입찰금액)을 종이에 적은 다음 이를 밀봉해 경매자에게 제출하는 방식, 미술품 경매처럼 여러 사람이 모여 경매 물건을 놓고 금액을 점점 올려가면서 더 이상 높은 금액이 나오지 않을 때까지 경매를 진행하는 방식도 있다. 전자를 봉인입찰경매[19], 후자를 영국식 공개경매[20]라 한다. 여기서는 우리에게 익숙한 영국식 공개경매를 가정해본다.[21]

가난한 집안의 형제들이 대학에 가는 특혜를 놓고 한바탕 경매를 벌이는 것이다. 그 결과 누구에게, 그리고 얼마에 낙찰이 될까? 다행히 경매 현장에 쫓아가 끝까지 지켜보지 않아도 된다. 답은 상상만으로도 구해질 수 있다. 이렇게 말이다.

대학에 가서 얻는 것이 제일 많은 맏아들이 낙찰을 받을 것이다. 낙찰 가격은 27억 원이 될 것이다.

그 이유는 네 가지로 정리될 수 있다.

- **이유 1 : 경매에서 둘째는 10억 원 이상을 부르지 않을 것이다.**
  둘째는 대학에 가면 10억 원을 얻을 수 있다. 반면 맏아들이 대학에 가면 둘째는 0억 원을 얻게 된다. 따라서 둘째는 맏아들 대신 대학에 가기 위해 10억 원 이상을 지불할 이유가 없다. 경매 이론에 따르더라도, 경매 방법과 상관없이 경매 참가자는 경매 물건의 가치보다 높은 금액을 불러서는 안 된다. 이것을 과다입찰 불가의 원칙[22]이라 한다.

- 이유 2 : 경매에서 막내는 27억 원 이상을 부르지 않을 것이다.
막내는 대학에 가면 30억 원을 얻을 수 있다. 반면 대학에 가지 않더라도 3억 원은 얻을 수 있다. 따라서 그는 대학에 가는 권리를 얻기 위해 27억 원 이상을 지불할 이유가 없다. 27억 원 이상을 지불하고 대학을 가는 것보다는 그러지 않는(대학 진학을 맏아들에게 양보하는) 편이 낫기 때문이다.

- 이유 3 : 경매에서 막내는 27억 원이 될 때까지 가격을 높일 것이다.
앞에서 설명했듯이 막내는 대학에 가면 30억 원을 얻고, 가지 못하면 3억 원을 얻는다. 따라서 대학에 갈 수 있는 권리를 27억 원 이하에서 낙찰 받을 경우 그 차이만큼의 이득을 남길 수 있다. 막내가 27억 원이 되기 전에 가격을 부르는 것을 멈춘다면, 이는 자신이 얻을 수 있는 이득을 포기하는 것을 의미한다. 그러므로 막내는 27억 원이 될 때까지 계속해서 높은 가격을 부르며 경매에 참여할 것이다.

- 이유 4 : 경매에서 맏아들은 47억 원이 될 때까지 가격 부르는 것을

멈추지 않을 것이다.

맏아들은 이유 3에서와 비슷하게 대학에 갈 수 있는 권리를 47억 원 이하에서 낙찰 받을 경우 이득을 남길 수 있다. 따라서 맏아들이 47억 원이 되기 전에 가격을 부르는 것을 멈춘다면, 이는 자신이 얻을 수 있는 이득을 포기하는 것을 의미한다. 그러므로 맏아들은 47억 원이 될 때까지 계속해서 높은 가격을 부르며 경매에 참여할 것이다.

이를 종합해 볼 때, 둘째와 막내는 이 경매에서 낙찰을 받을 가망이 없다. 둘째는 10억 원, 셋째는 27억 원까지밖에 가격을 부르지 않을 것이기 때문이다. 그 이상의 가격을 제시해 경매의 낙찰자가 될 인물은 바로 맏아들이다.

그리고 낙찰가격은 27억 원(또는 27억 원보다 아주 조금 높은 금액인 27억 원+1원)[23]이다. 맏아들은 47억 원까지 가격을 부를 준비가 되어 있지만 둘째가 10억 원에서, 그리고 막내가 27억 원에서 경매를 포기하기 때문에 27억 원에 낙찰을 받는 것이다.[24]

이를 요약하면 이렇다.

경매를 실시할 경우 대학에 갈 권리는 맏아들이 낙찰 받게 되며, 그 대가로 부모에게 돌아가는 금액은 27억 원이 된다. 이 경우 맏아들의 몫은 23억 원(50억 원−27억 원)이 된다.

다만 당장 맏아들에게 27억 원이 있을 리 없다. 또한 50억 원은 나중에 벌 예정인데, 당장 27억 원을 지불한다는 것도 타당하지 않다(현재의 1원의 가치는 몇 년 후 1원의 가치보다 훨씬 크다). 따라서 여기서 27억 원에 낙찰을 받는다는 것은 의사가 되어 성공한 후 나중에 27억 원을 지불한다는 것으로 해석되어야 한다.

흥미로운 사실은 맏아들이 지불해야 하는 금액(27억 원)이 가난한 부모가 맏아들을 대학에 보낸 선택의 대가(기회비용)와 같다는 것이다. 2장에서 맏아들을 대학에 보내지 않았을 경우에 있어서 다양한 가능성이 존재하더라도 우리는 그 가운데서 가장 좋은 가능성에 대해서만 중점적으로 살펴보면 된다는 것을 알았다. 그리고 그것은 막내가 대신 대학에 가는 가능성이었다. 그래서 막내가 대학에 가서 추가적으로 얻을 수 있었던 이득이 맏아들을 대학에 보낸 선택의 대가가 된다는 것을 알았다.

결국 맏아들이 27억 원을 지불한다는 것은 자신이 대학에 가는 선택의 대가를 자신이 부담하는 것이 되고, 자신이 대학에 감으로 말미암아 막내가 입게 되는 암묵적 손해만큼을 지불하는 것이 된다.

그러나 실제로는 이러한 경매 방식은 사용되지 않았다. 부모가 아무 조건 없이 맏아들을 대학에 보낸 것이다. 부모의 그러한 선택으로 인해 맏아들의 재산은 50억 원이 되었다. 27억 원을 받고 맏아들을 대학에 보낼 수 있었지만 그렇게 하지 않고 그냥 보낸 것이다. 가난한 부모는 결국 맏아들에게만 특혜를 준 셈이다. 자진해서 말이다.

문제는 그로 인해 부모는 물론 동생들도 손해를 보았다는 점이다. 부모가 대학에 입학할 권리를 경매에 붙였다면 적지 않은 낙찰 금액을 받았을 것이고, 이 돈의 적지 않은 부분이 아마도 동생들에게 돌아갔을 것이기 때문이다.

경매 낙찰금은 어떻게 상속할 것인가

경매에 관해 중요한 사항 한 가지가 더 남았다. 그 막대한 경매 낙찰금을 어떻게 할 것이냐의 문제다. 경매를 통해 얻어진 낙찰금은 물론 부모의 것이다. 그러나 자식 사랑이 특별한 우리의 부모님은 그 돈의 전부 또는 일부를 언젠가 자녀들에게 상속할 것이다.

부모가 재산을 전부 자녀들에게 상속한다고 가정했을 때, 자녀 각자에게는 얼마의 몫이 돌아가야 할까? 다양한 의견이 있겠지만, 이를 네 가지 정도로 나누어 볼 수 있다.

● 주장 1 : **공평논리**

부모는 재산을 모든 자녀들에게 똑같이 분배해야 한다는 주장이다.

현행법이 이를 뒷받침한다. 특별한 유언이 없는 한 부모의 재산은 자녀들에게 공평하게 상속하도록 되어 있다. 이 논리를 받아들일 경우, 부모가 낙찰받은 금액 27억 원 가운데 1/3(9억 원)은 맏아들의 몫이 된다. 따라서 맏아들의 실제적인 몫은 낙찰금액을 지불하고 남은 재산 23억 원에 자신의 상속분 9억 원을 더해 32억 원이 된다. 동생들의 경우도 각각 9억 원씩을 상속받을 수 있다.

그러나 부모는 경매에 부치지 않고 맏아들을 대학에 보냈다. 따라서 위의 계산이 맞다면, 경매에 부치지 않고 맏아들을 대학에 보낸 부모의 선택으로 인해 동생들은 각각 9억 원(합해서 18억 원)씩 얻을 수 있었던 기회를 놓친 것이 된다. 다시 말해 맏아들이 대학에 감으로 말미암아 동생들은 합해서 18억 원의 손해를 보았다. 결국 동생들의 손해를 보상하는 차원에서 보면, 대학에 가서 큰 재산(50억 원)을 얻은 맏아들이 동생들에게 보상해야 하는 금액은 18억 원이 된다.

이 경우, 맏아들이 동생들에게 보상해야 하는 금액(18억 원)은 동생들이 지불한 암묵적 비용의 합계 37억 원(둘째 10억 원＋막내 27억 원)보다 작다. 막내 한 명이 지불한 암묵적 비용(27억 원)보다도 작다. 결국 맏아들은 동생들이 입은 손해를 보상해야 마땅하지만 암묵적 손해까지 모두를 보상해야 하는 것은 아니라는 것이다.

반면 맏아들이 동생들에게 보상해야 하는 금액(18억 원)은 실
제 부모로부터 받은 대학등록금에 비해 엄청나게 큰 금액이
다. 따라서 (그런 사람이 실제 있는지 모르겠지만) 자신이 받
은 등록금만큼만 보상하겠다는 맏아들이 있다면 그는 생각이
없거나 도덕적으로 문제가 있는 사람이다.

● 주장 2 : **필요논리**

자녀마다 재산에 대한 필요가 다르므로, 필요에 맞게 부모의
재산이 분배되어야 한다는 주장이다.

자녀마다 부양가족의 수가 다르다. 부양가족 가운데 아픈 사람
이 있어 병원비가 많이 들 수도 있다. 이러한 필요에 따라 부모
의 재산이 분배되어야 한다는 주장이 '필요 논리' 다.

● 주장 3 : **시정논리**

맏아들이 경매에서 27억 원을 냈지만 그래도 가장 부자이므로
(이와 같은 빈부격차를 시정하기 위해) 부모의 재산을 나눌 때
맏아들의 몫을 평균치인 1/3보다 작게 해야 한다는 주장이다.

● 주장 4 : **기여논리**

가족의 재산을 늘리는 데 있어 맏아들이 기여한 바는 매우 크
다. 따라서 맏아들이 기여한 것에 대한 보상이 주어져야 하

며, 이를 위해 맏아들의 몫을 1/3보다 크게 해야 한다는 주장
이다.

반대로 둘째와 막내는 가족의 재산을 늘리는 데 기여한 것이
전혀 없다. 굳이 들자면 대학에 가지 않았다는(못했다는) 것뿐
이다. 둘째와 막내가 얻는 것은 일종의 불로소득이며, 이를 많
이 받는 것은 바람직하지 않다는 주장도 할 수 있다.

기여 논리가 적용될 경우, 둘째와 막내의 몫도 차이가 날 수
있다. 경매에서 맏아들이 27억 원에 달하는 큰 금액을 내놓아
야 하는 이유는 다름 아니라 막내 때문이었다. 그러므로 낙찰
금액을 높이는 데 크게 기여한 막내가 둘째보다 더 많은 몫을
차지해야 한다는 주장도 이론상 가능하다.

주장 1은 물론 주장 2, 3, 4도 나름의 설득력을 가지고 있다.
다만 주장 2에서는 각각의 자녀가 어느 정도의 금전을 필요로 하
는지를 판단하기 어렵다는 문제가 있다. 주장 3에서는 빈부격차
를 시정하기 위해 어느 정도 보상해야 하는지를 판단하기가 쉽
지 않다. 주장 4에서는 성공한 맏아들의 기여를 어느 정도 인정
해야 하는지, 그리고 셋째의 기여를 얼마나 인정해야 하는지 판
단하기 쉽지 않다. 쉽지 않다기보다는 정답이 없다는 것이 더 정
확한 표현일 것이다.

부모의 재산에 대한 자녀들 각각의 몫이 얼마여야 하는지에

대한 주장은 이토록 다양하지만, 이를 (5장과 6장에서 다룰) 기업과 부자들의 사례에 적용할 때는 그 차이가 사실상 없어진다. 왜냐하면 기업과 부자들의 사례는 아래에서 다루고 있는 '형제자매들이 엄청나게 많은 경우'와 유사해지고, 그 경우 맏아들의 몫은 어떤 주장에 의해 계산되더라도 거의 같아지기 때문이다.

형제가 많은 경우의 계산법

자녀가 3명이 아니라면, 즉 엄청난 대가족이라면 이야기가 어떻게 될까? 자녀들이 많으면 많을수록 한 자녀의 상속분이 줄어드는 점은 분명하다.

부모의 재산을 똑같이 나눌 경우, 자녀가 3명이면 한 자녀의 상속분은 9(27÷3)억 원이 되고, 자녀가 4명이면 6.75(27÷4)억 원이 된다. 자녀가 n명인 경우 한 자녀의 상속분은 27/n억 원이 된다.

n이 크면 클수록 한 자녀의 상속분(27/n)은 작아지게 마련이다. 상속 받을 형제자매가 많으면 많을수록 부모의 재산에 대한 맏아들의 몫도 줄어든다.

얼마나 줄어드느냐 하면, 23억 원에 가깝게 줄어든다. 자신의 상속분(27/n)이 아주 작아지기에, 부모에게 낙찰금액으로 27억 원을 지불하고 남은 23억 원에 자신의 상속분(27/n)을 더하더라도 23억 원과 큰 차이가 없게 되는 것이다. 여기서 맏아들의 몫이 23억 원이라고 하는 것은, 다시 말해 동생들에게 보상을 해야할 의무가 27억 원(50억 원-23억 원)이 된다는 것을 의미한다.

이와 같은 결과는 부모의 재산을 똑같이 나누지 않는 경우에도 비슷하게 나타난다. 필요 논리, 시정 논리, 기여 논리 가운데 어떤 것을 적용하더라도 형제자매들의 수가 엄청나게 많은 경우 맏아들의 상속분은 크게 작아지기 때문이다.

결국, 형제자매가 많을수록 맏아들이 동생들에게 보상해야 할 금액은 커진다고 할 수 있다. 그렇다고 무한정 커지는 것은 아니며, 그 상한액은 낙찰가격인 27억 원이다. 형제자매가 매우 많은 경우를 생각해보는 것은 다음 장에서 가난한 집 맏아들 이야기를 한국의 대기업에 적용하는 데 필요하기 때문이다. 중소기업도 많고, 국민의 수도 많지 않은가.

계산의 현실적인 어려움

그러나 현실적으로 말하자면 '성공한 맏아들'이 동생들에게 보상을 얼마나 해야 하는지, 그 금액을 계산하는 것은 매우 어렵다. 다음과 같은 이유 때문이다.

첫째, 이러한 계산이 가능하려면 각각의 선택에서 형제들이 얻게 될 소득을 사전에 충분히 예측할 수 있어야 한다. 그러나 이것은 불가능하다. 대학에 가건 안 가건, 미래의 일을 누군들 정확히 알겠는가? 그것도 수십 년 뒤의 인생을.

둘째, 맏아들이 의사로서 성공해서 얻는 혜택 가운데는 금전적으로 환산하기 어려운 부분도 많다. 예를 들어 의대에 진학해 그곳에서 좋은 배우자를 만났다면, 이것을 금전적으로 어떻게 환산할 것인가? 의사로서 얻는 자부심 등을 금전적으로 환산하기도 어렵고, 무엇보다 의사가 되기 위해 독학으로 고생했던 노력이 감안되지 않았다는 것도 문제다.

셋째, 맏아들이 배우자를 얻었을 때의 문제다. 맏아들이 결혼을 하게 되면 그의 재산은 그만의 재산이 아니게 된다. 법적으로 배우자의 기여가 인정되기 때문이다. 이렇게 되면 문제는 훨씬 복잡해진다. 맏아들 재산에서 배우자의 기여분을 빼고 다시 계산해야 한다. 물론 배우자의 기여분을 계산한다는 것도 쉬운 일이 아니다.

넷째, 부모는 경매 이외의 방법으로 대학에 들어갈 자녀를 선택할 수도 있다. 경매는 모든 사람에게 공정한 기회가 부여되는 방식이다. 그래서 경매의 결과를 기준으로 동생들에게 배상해야 할 맏아들의 도덕적 의무를 계산했던 것이다. '성공한 맏아들'의 도덕적 의무를 계산하기 위해 경매 방식을 끌어들인 것은 나쁘지 않은 방법이었다.

그러나 이 방법만 있는 것은 아니다. 예를 들면, 부모가 맏아들에게 경매에서보다 더 큰 금액을 요구하면서, 싫으면 그만두라(take it or leave it)는 제안을 할 수도 있다.[25] 이 경우 동생들에게 보상해야 할 금액은 더 커진다.

몇 가지 무리가 따름에도 불구하고 이런 계산들을 통해 '성공한 맏아들의 도덕적 의무가 어느 정도 되는지'에 대한 아이디어를 얻을 수 있다.

결론은 이렇다.

> 맏아들이 받았던 대학등록금 < 동생들에게 보상해야 할 금액 ≤ 막내가 입은 암묵적 손해의 합계

그런데 왜 부모에 대한 맏아들의 도덕적 의무는 말하지 않고, 동생들에 대한 도덕적 의무만을 말하고 있는 것일까?

시골에서 어렵게 농사를 짓고 살아가면서 귀한 소까지 팔아 대학등록금을 대주신 부모의 사랑을 감안할 때, 맏아들은 당연히 그분들에게도 도덕적 의무를 가져야 한다. 그리고 앞에서와 유사한 방법을 통해 그 의무를 금액으로 산정할 수도 있다.

하지만 여기서는 그러한 시도를 하지 않았다. 부모와 자식 간의 관계를 금전적인 시각으로만 따지는 것이 바람직하지 않다는 판단에서다. 대가나 보상을 바라고 자녀를 키우는 부모가 세상

에 어디 있겠는가.

부모에 대한 맏아들의 도덕적 의무를 여기서 다루지 않는 또 하나의 이유는, 이 책에서 궁극적으로 말하고자 하는 것이 성공한 맏아들과 그 가족 이야기 자체가 아니기 때문이다. 앞에서 언급했듯이 '성공한 맏아들 이야기'는 우리나라 기업들과 부자들, 그리고 성공한 이들의 도덕적 의무를 설명하기 위한 상징적인 사례다.

다른 점이라면 단 하나. 맏아들에게 특혜를 준 이는 부모지만 기업들에 특혜를 준 것은 정부라는 점이다. 정부는 사람이 아니므로 특혜를 준 정부에 대한 보상이나 도덕적 의무는 필요 없다. 국민들에 대한 도덕적 의무만이 필요할 뿐이다. 이것이 부모에 대한 맏아들의 의무를 다루지 않는 또 하나의 이유이다.

맏아들의 의무를 자율에 맡겨도 될까

여기서 짚어볼 부분은, 맏아들의 도덕적 의무와 금전적인 보상을 온전히 '맏아들의 자율'에 맡겨도 좋은가 그렇지 않은가에 대한 문제다.

성공한 맏아들이 동생들에 대해 보상할 도덕적 의무에는 강제성이 없는가? 맏아들의 의무는 그와 같은 도덕적 의무를 다하면 좋고 그렇지 않아도 그만인 성격의 것인가?

엄밀히 말해 '도덕적' 의무는 '법적으로 강제되기 어려운' 의무다. 의무가 법적으로 강제되는 순간, 이는 이미 도덕적 의무가 아니다. 그렇다고 맏아들의 도덕적 의무가 완전히 자발적인 성격이라고 말하기는 어렵다. 자신의 도덕적 의무를 다하지 않는 맏아들에게 조금이나마 불이익을 줄 수 있는 방법이 다양하게 존재하기 때문이다.

먼저 부모는 자신의 도덕적 의무를 다하지 않는 맏아들에게 동생을 도우라고 압력을 넣을 수 있다. 그래도 말을 안 들으면 화를 낼 수도 있다. 도덕적 의무를 다하지 않는 맏아들은 이웃들에 의해서도 불이익을 받을 수 있다. 사정을 아는 이웃들이 맏아들의 흉을 보기도 하고, 손가락질을 할 수도 있다. 인터넷, 트위터 등으로 소문이 크게 퍼지면 맏아들이 정신적 고통을 받을 수도 있다. 병원에 대한 불매운동까지 벌어질 수 있다. 맏아들의 도덕적 의무를 다하라는 사회적 압력이 존재할 수 있다는 것이다.

물론 그와 같은 사회적 압력은 크게 기대를 걸 만큼 충분한 수준은 되지 못한다. 세상에 '자신의 도덕적 의무를 다하지 않고 살아가는 사람'이 현실적으로 적지 않다는 사실이 이를 뒷받침한다.

그렇다면 맏아들이 도덕적 의무를 다하도록 하는 좋은 방법은 없을까?

　맏아들이 훗날 동생들에 대한 도덕적 의무를 다하지 않을 때를 대비해 가난한 부모가 맏아들과 사전에 계약을 체결하는 방법이 있다. 대학등록금을 대주는 조건으로 나중에 동생들에게 보상을 하도록 계약서에 명시하는 서면 계약의 형태다. 이 방법이 부모자식 간에 너무 매정한 처사라면, 구두 계약이나 약속을 받아내는 방법도 있을 수 있다. 예를 들어 부모는 맏아들에게 다음과 같은 당부를 할 수 있다.

　"우리집 형편이 좋지 않아서 맏아들인 너밖에 대학에 못 보내겠구나. 너만 대학에 가는 대신, 훗날 성공해 큰돈을 벌면 형편이 어려운 동생들을 꼭 보살펴야 한다. 알겠니?"

부모가 맏아들을 선택한 '전제 조건'

'가난한 집안의 맏아들 이야기 Ver 1.0'은 다양한 사례로의 변형이 가능하다. 맏아들이 의사가 아니라 대기업 회사원이나 사업가로 성공할 수도 있고, 부모가 애초에 맏아들에게 지원한 것이 대학등록금이 아니라 사업자금이 될 수도 있다. 또한 부모의 지원을 받아 성공한 아들이 맏아들이 아니라 둘째나 셋째일 수도 있다.

그런데 왜 하필 맏아들이었을까?

첫째로 부모가 공리주의자라서 맏아들을 대학에 보내는 선택을 했을 수도 있다. 반복되는 이야기지만 공리주의에 따르면 가장 성공할 수 있는 자녀를 대학에 보내야 한다. 그런데 '가난한 집안의 성공한 맏아들 이야기' 속에서는 가장 성공할 수 있는 자녀가 맏아들인 것이다.

맏아들을 택한 또 다른 이유가 있을 수 있다. 전통적으로 우리네 부모들은 맏아들에게 가업을 상속하는 경우가 대부분이었다. 맏아들이 아닌 자녀가 그 대상으로 선택되는 것은 특별한 경우에 속했다. 집안 형편이 어려울 경우 맏아들만 대표로 대학에 보내는 것이 실제로도 드물지 않았다.

물론 맏아들의 능력이 다른 자녀들보다 우수하다는 증거는 없다. 둘째나 셋째가 대학에 가서 맏아들보다 더 잘된 경우는 얼마든지 많다. 삼성그룹의 경우, 고 이병철 회장은 셋째 아들인 이건희 회장의 경영 능력을 알아보고 그를 후계자로 삼았다.

앞에서도 살펴보았듯이 공리주의에 따르면, 덮어놓고 맏아들이 아니라 '가장 성공할 확률이 높은 자녀' 즉 '능력 있는 자녀'를 대학에 보내야 한다. 그래야 가족 전체의 파이가 제일 커지기 때문이다. 또한 롤스의 기준에 따르면, 대학에 안 가면 가장 못 살 것 같은 자녀를 대학에 보내야 한다. 다른 자녀들은 대학에 안 가더라도 그나마 먹고 살 수 있다는 판단에서다. 공리주의 차원에서도, 롤스의 기준에서도 많은 사람들이 맏아들만 대학에 보내는 것을 설명할 수 없다.

그러나 맏아들을 대학에 보낸 가장 큰 이유는 무엇보다 '맏이는 동생들을 잘 배려한다'는 정서에 있다. 자기가 형제 가운데 가장 윗사람이라는 심리에서 나오는 책임감과 배려의 마음 말이다. 아무래도 아랫사람이 윗사람을 챙기는 것보다는 윗사람이 아랫사람을 챙기는 것이 더 자연스러우니까.

우리의 부모님들이 어려운 환경에서 맏아들을 선택했던 것은 맏아들이라면 가족 모두를 대신해 크게 성공을 하고 훗날 어려운 동생들을 보살펴줄 것이라는 믿음이 깔려 있기 때문이었다.

그리고 그러한 선택을 받은 맏아들들은 성인이 되었을 때 주어진 위치에서 성실히 생활하며 부모에게 효도하고 형제간에 우애를 돈독히 하는 모범을 보여준 경우가 많았다. 모두가 기대했던 것처럼 경제적으로 큰 성공을 거둔 것은 아니었지만 말이다.

그렇다면 우리 사회에 '도덕적 의무'를 지고 있는 기업들과 부자들의 경우는 어떠할까? 가난한 부모로부터 특혜를 받고 성공한 맏아들처럼 그동안 정부로부터 커다란 특혜를 누리면서 성장해온 기업들과 부자들도 과연 그랬을까?

그들은 어떻게 성공할 수 있었나

한국의 성공 신화

불과 60여 년 전, 한국의 모습은 한마디로 처량하기 그지없었다. 일제의 압박에서 벗어난 지 5년 만에 터진 한국전쟁, 그로 인해 폐허가 된 나라. 아이들은 초콜릿과 사탕을 얻기 위해 미군 지프차를 따라다녔다. 보릿고개가 아니어도 굶기를 밥 먹듯 하는 사람들이 그렇지 않은 사람보다 더 많았다. 시골에는 수도는커녕 전기가 들어오지 않는 곳이 대부분이었다. 고속도로라는 말조차 없었던 시절이었다.

1960년대에 들어서도 초등학교에는 한 반에 100명 가까운 학생들이 있었다. 그나마도 시설이 부족해 오전과 오후 2부제로 수

업을 했다. 심지어 3부제 수업을 하는 학교도 있었다. 물론 초등
학교에 가지 못한 아이들도 많았다. 전화는 있는 집이 거의 없을
정도로 귀했다. TV는 더 귀했다. 박치기 왕 김일 선수의 레슬링
경기가 열리면 온 마을 사람들이 TV가 있는 집에 모여들곤 했다.

1980년대 초반까지만 해도 한국의 경제 상황은 좋지 않았다.
1970년대 중반 이후의 제 1, 2차 오일쇼크의 여파와 정치적 불
안정은 마이너스 성장과 만성적인 무역적자로 이어졌다. 1980
년대 초에는 막대한 외채로 인한 우려감이 커지며 '외채를 갚기
위해 섬이라도 팔아야 하는 것 아니냐'는 말까지 나왔다.

다행히 미국의 무역수지 적자를 개선하기 위해 엔화와 마르크
화의 가치를 높인 플라자합의[26] 이후 우리 수출품의 가격경쟁력
이 크게 높아졌다. 무역수지가 크게 개선되며 경제 성장도 이어
졌다. 1995년에는 최초로 1인당 국민소득 1만 달러를 달성했고
이듬해에 OECD에도 가입했다.

그러나 그 기쁨은 오래 가지 못했다. 1997년 삼미, 진로, 한
보, 기아자동차의 부도에 이어 외환위기라는 쓰나미가 몰려왔
다. 원화가치 하락을 막기 위해 외환을 다 소진한 정부는 국제통
화기금(IMF)에 구제 금융을 요청했다. IMF의 찬바람은 우리에게
너무 가혹했다. 살인적인 고금리에 경제는 침체되었고, 기업의
체질 개선 과정에서 많은 근로자들이 직장을 잃었다. 기적과 같
이 IMF를 조기 졸업하기는 했지만 그 후 수년 동안 한국경제는

커다란 어려움을 겪었다. 2008년에는 미국 발 서브프라임 금융 위기로 인한 큰 혼란도 겪었다.

이렇게 힘든 과정을 겪고 갖은 위기들을 극복하면서 한국은 불과 수십 년 만에 온 세계가 놀랄 만한 성장을 이루었다. 1962년 87달러에 불과했던 1인당 GDP(국내총생산)는 2010년에 2만 달러를 넘어섰다. 채 50년이 안 되는 기간 동안 소득이 200배 이상 증가한 것이다. 이는 기적이다. 우리의 부모 세대, 우리의 선배 세대들의 피와 땀과 눈물로 일군 기적이다.

한국경제의 성장과 더불어 한국 기업들도 크게 성장했다. 대표적으로 삼성과 현대 같은 재벌 기업이 있다. 삼성전자는 1969년 자본금 3억 3천만 원으로 시작해 2010년에 매출 153조 원, 시가총액 140조 원의 세계적인 기업으로 발돋움한 한국경제 기적의 산 증인이다. 삼성전자의 세계시장 1위 품목은 TV, D램 반도체, LCD, 모니터 등 10여 개에 달하고 있다.

1967년 설립되어 포드 코티나를 조립·생산하는 데서 시작했던 현대자동차도 2010년에는 세계 5위 자동차 기업으로 성장했다. 전 세계에서 생산하는 자동차 생산량이 574만 대에 달해, 초창기에 기술을 전수했던 포드자동차의 생산량마저도 눌렀다.[27] 세계적인 경쟁력을 갖춘 메이드 인 코리아 기업들은 이밖에도 많다. 여기에 다 열거하기 어려울 정도다. 기업들의 면모도 많이 바뀌었다. 10대 그룹만 보더라도 개풍, 신진, 대우, 쌍용처럼 완전히 사

1960년	→	1990년	→	2010년
삼성		현대		삼성
삼호		대우		현대자동차
개풍		삼성		SK
대한전선		LG		LG
락희		쌍용		롯데
동양시멘트		한진		현대중공업
극동해운		SK		GS
한국유리		한화		금호아시아나
동립산업		대림		한진
태창방직		롯데		두산

라지거나 다른 기업에 인수된 그룹이 있는가 하면 현대, SK, 롯데 등과 같이 규모 면에서 엄청나게 성장한 그룹들도 있다.

한국경제가 이만큼 성장하고 세계적인 기업이 늘어났다고 해서 모든 국민들이 잘살게 된 것은 아니다. 아직도 도시락을 싸갈 형편이 안 되어 점심을 굶어야 하는 학생들이 있고, 병원비가 없어 병원에 가지 못하는 이웃들도 있다. 홍수가 나면 잠기는 반지하 월세방에서조차 쫓겨나는 사람들이 있고, 전기료를 못 내 한 겨울에 전기난로조차 켜지 못하는 사람들이 있다.

중소기업의 형편도 어렵기는 마찬가지다. 사람을 구하기도 어렵고, 돈을 빌리기도 어렵고, 제품을 팔기도 어렵다. 대기업의 횡포로 피해를 보는 경우도 적지 않다. 그리하여 지난 몇 년 동안 한 해 평균 10만 개 가까운 중소기업이 문을 닫았다.

차별적인 대우를 참으며 대기업에서 비정규직으로 일하는 근로자들도 많다. 중소기업 근로자들 가운데는 일을 하고도 월급을 받지 못하는 경우도 있다. 그나마 일자리가 있는 것이 어디냐며 부러워하는 젊은이들이 부지기수다. 대학 졸업식에 참석해보면 현실을 알 수 있다. 학사 과정을 모두 이수하고도 졸업하지 않는 학생들이 많기 때문이다. 취업이 어려운 때이므로 수료만 하고 졸업을 하지 않는 학생들이 많은 것이다.

지난 세월 고도성장을 이룬 한국경제는 과연 성장의 열매를 골고루 나누어주었을까?

한국경제의 기적을 이루는 과정에서 우리 정부가 기여한 부분을 부정할 수는 없다. 그런 만큼 성장의 열매가 골고루 나누어지지 못했던 것 역시 어느 정도는 정부의 책임일 수 있다. 그동안 성장 중심의 정책을 추진해오는 과정에서 분배 문제를 등한시한 것이 사실이다. 바로 이 문제에 대해, 과거 성장 중심의 정책이 바람직했는지 아닌지, 그리고 현 시점에서라도 분배 중심의 정책으로 빠르게 전환해야 하는지 아닌지에 대한 논란이 이어지고 있다.[29] 하지만 그와 같은 이슈는 이 책이 다루고자 하는 내용이 아니다.

밝히건대 이 책의 초점은 정부의 정책으로 인해 혜택을 입어온 한국의 기업들과 부자들에 맞추어져 있다. 그동안 기업들이 이룩한 성공이 누구의 어떤 도움으로, 그리고 누구의 희생 위에서 얻어진 것인지를 다루고자 하는 것이다.

　기업들도 그 자리에 이르기까지 각고의 노력을 기울였을 것이다. 그러나 기업들의 성공은 그들의 노력만으로 이루어진 것이 아니다. 성공한 기업들의 이면에는 정부가 제공한 커다란 특혜가 있었다. 그 덕분에 성공이 가능했던 것이다. 결국 기업들의 성공은 정부로부터 특혜를 받지 못한 기업들과 정부가 제공한 특혜의 부담을 떠안은 국민들의 희생 위에서 얻어진 결과이다. 그리하여 결론은?

> 정부로부터 특혜를 얻으면서 성공한 기업은, 그 과정에서 비용을 지불할 수밖에 없었던 사람들에게 그 빚을 갚아야 할 도덕적 의무가 있다.

　'성공한 맏아들' 이야기에서 지겹도록 반복되었던 내용 그대로다.

성공한 기업과 성공한 맏아들

한국경제의 성장과 함께 해온 기업들의 성공이 '성공한 맏아들' 이야기와 도대체 무슨 관계가 있을까? 우리나라 기업들의 역사를 살펴보면 그 답을 잘 알 수 있다.[30]

광복 직후 정부는 시장경제를 도입하는 과정에서 모든 기업들과 국민들에게 골고루 혜택을 주지 못했다. 경제적 자원이 크게 부족했기 때문이다. 정경유착이 심했던 것도 한 요인이었다. 당시 정부는 특정 기업 또는 특정인에 한정해 다양한 혜택을 주었다. 가난한 부모가 맏아들만 대학에 보내듯 말이다. 우리나라 기업들은 대부분 그와 같은 혜택을 입으면서 성장했다.

도대체 정부는 그동안 어떠한 혜택들을 제공한 것일까?

첫째, 광복 직후 일제의 귀속재산을 불하하는 과정에서 정부는 특정 기업에게 커다란 혜택을 주었다. 당시 13개 기업들이 귀속재산을 불하 받았는데, 불하를 받는 자체만으로 엄청난 이득이었다. 불하가격의 10%만 현금으로 내고, 나머지는 15년에 걸쳐 지급하는 방식이었기 때문이다. 격심한 인플레이션을 겪고 있던 당시의 이 같은 불하 방식은 재산을 거의 무상으로 제공하는 것과 다르지 않았다.

둘째, 외화를 배정하는 과정에서도 특혜가 존재했다. 당시 외화가 매우 부족했던 상황에서 외화를 배정받는 것만 해도 커다란 특혜였다. 법정 환율은 정부에 의해 인위적으로 낮게 책정되어 달러를 배정받은 기업은 더욱 커다란 이득을 얻었다. 법정 환율이 실제 암시장 가격의 1/2~1/4 수준밖에 되지 않았던 것이다. 암시장에서는 600원을 주어야 1달러를 얻을 수 있지만 법정 환율로는 280원만 주면 1달러를 얻을 수 있었던 셈이다. 그래서 당시 1백만 달러를 배정받은 기업은 앉은 자리에서 3억 2천만 원의 이득을 보았던 것이다.

셋째, 투자를 촉진하기 위해 정책적으로 이자율을 낮추는 과정에서 실질 금리가 상당 기간 마이너스 수준을 기록했다. 1946~1955년까지 실질금리는 항상 마이너스를 유지했다. 어떤 해에는 실질금리가 마이너스 50%가 넘는 경우도 있었다. 이런 상황이니 정책금융을 통해 대출 받은 기업은 가만히 앉아서 커다란 이득을 본 것이다.

이에 힘입은 대기업들은 여러 계열사를 거느리며 서서히 재벌의 형태를 갖추어가기 시작했다. 1960년대 삼성그룹은 삼성물산, 신세계백화점, 제일제당 등 계열사를 15개나 거느렸고, 락희그룹(현재의 LG 및 GS그룹)도 락희화학, 금성사 등 5개의 계열사를 거느리게 되었다.

특정 기업에 대한 혜택은 박정희 대통령 시절에도 이어졌다. 1962년 수립된 제1차 경제개발 5개년계획에서 정부는 민간의 자유와 창의를 존중하는 시장경쟁 체제를 원칙으로 하되, 기간산업 및 주요 부문은 정부가 직·간접적으로 참여해 유도하는 '지도받는 자본주의 체제'를 표방했다.

박정희 정부가 내세운 경제발전 전략의 대표적인 특징은 '선택과 집중'이었다. 유망한 산업, 유망한 부문, 유망한 기업을 골라 집중적으로 지원함으로써 이들 산업, 부문, 기업이 성장을 견인하는 전략을 택한 것이다. 그 같은 '선택과 집중' 전략은 공리주의적인 접근으로 이해될 수 있다. 가난한 부모가 가장 성공할 수 있는 맏아들을 대학에 보낸 것과 같다.

이에 따라 정부의 선택을 받은 기업들은 정부로부터 다양한 특혜적 지원을 받았다.

첫째, 정부는 과열경쟁에 따른 도산을 막기 위해 투자 인가정책을 선택했다. 이로써 다수의 산업 분야에서 경쟁이 제한되었는데, 그 결과 이 분야의 기업들은 막대한 독과점 이윤을 얻을 수 있었다.

둘째, 금융기관의 자금을 배분하는 과정에서 정부는 특정 기업에게 커다란 혜택을 주었다. 은행융자도 중요했지만 특히 이 시기에는 국내외 금리차가 심했다(국내 금리는 25~30%였지만 차관 금리는 5~6%였다). 따라서 차관을 배분받은 기업은 커다란 이득을 보았다. 예를 들어 1969년만 해도 3개 그룹이 1억 달러 또는 그 이상의 차관을 배분받았는데, 그로 인한 이득은 실로 엄청난 것이었다.

셋째, 정부는 특정 기업이 해외에서 자금이나 기술을 도입하는 데도 관여했다. 당시 신용이 없는 민간 기업이 스스로 외자를 도입하는 것은 사실상 불가능했기 때문에 정부는 우량한 사업과 기업을 선별해 은행에 지급을 보증하도록 함으로써 외자도입을

도왔던 것이다. 기술도입에 따른 로열티(royalty) 지급에 대해서
도 정부는 선별 과정을 거쳐 보증을 서주었다.

조선소를 지을 백사장 사진과 거북선이 그려져 있는 500원짜
리 지폐만을 가지고 배를 수주했던 정주영 현대그룹 회장의 일
화는 TV 광고에 나올 정도로 유명하다. 그러나 그 뒤에는 정부
의 강력한 지원이 있었다. 오원철 전 청와대 경제수석은 당시를
이렇게 회상했다.

정 회장은 무척 기뻐했다. 그러고는 "내가 조선소를 하려고
해서 시작했나? 박정희 대통령이 조선소를 하라고 하기에 일
을 추진해보았으나 제대로 되어야지. 다음번에 만났을 때 그
간의 어려운 경위를 설명하고 '못 하겠습니다' 라고 했지. 그
랬더니 대통령이 '내가 도와준다는데도 못해?' 하고 노려보
기에 '예. 하겠습니다' 라고 대답해버렸어. 그래서 현대조선소
를 하게 된 것이오"라고 했다.[31]

넷째, 수출드라이브 정책을 채택한 정부는 수출기업에 대한
지원을 아끼지 않았다. 자원이 절대적으로 부족한 한국이 자원
을 해외로부터 수입하기 위해서는 외자가 필요했다. 이에 따라
수출기업들에게는 다양한 세제 감면, 원자재 및 자본설비에 대
한 수입관세 면제, 특혜 융자 등이 제공되었다.

다섯째, 정부는 노동조합을 노골적으로 탄압함으로써 임금 상승을 억제하고 근로조건의 개선을 사실상 억제했다.

여섯째, 정부는 시장개방을 늦춤으로써 외국 기업과의 경쟁으로부터 국내 기업들을 보호했다. 심지어 국내 자동차시장을 보호하기 위해 외제차를 타는 사람에 대해 세무조사 압력을 넣기도 했다.

선택적이고 집중적인 지원의 결과, 개풍그룹처럼 선택에서 제외된 기업은 점점 쇠락해갔다. 5.16혁명 후 부정축재자로 몰려 몰락한 기업도 있었다. 반면 정부의 선택적이고 집중적인 지원에 힘입어 크게 성장한 기업들도 있었다.

선택적 지원은 정권이 수차례 바뀌면서까지 상당 기간 지속되었다. 때로는 그와 같은 선택적 지원이 기업을 길들이는 수단으로 악용되기도 했다.

한국경제가 성장하면서 정부 지원의 중요성은 이제 많이 줄어들었다. 그렇다고 정부에 의한 특혜가 없어진 것은 아니다. 아직도 연구개발 등에 대한 정부의 지원이 이루어지고 있고, 최근 활발히 체결되고 있는 각국과의 자유무역협정도 수출기업에게는 커다란 특혜로 작용하고 있다.

그렇다면 선택된 기업, 다시 말해 성공한 기업들에 대한 일반 국민들의 인식은 어떠할까?

'성공한 맏아들'을 바라보는 한국인들의 시각

특혜를 받은 기업이 모두 다 성공한 것은 아니다. 가난한 집에서 대학에 간 맏아들이 모두 다 성공하는 것이 아니듯 말이다. 정부로부터 각종 특혜를 받고도 망한 기업들은 얼마든지 많다. 대우, 기아, 쌍용 등 수많은 그룹이 정부의 혜택에도 불구하고 망하거나 다른 기업에 인수되어 사라져간 운명을 맞이했다.

이러한 차원에서 볼 때 재벌그룹의 성장이 100% 정부의 특혜에 의한 것이라고 말하기는 어렵다. 성공한 기업 뒤에는 맨손으로 시작해 작은 기업을 지금의 기업으로 성장시킨 기업가들의 기업가 정신(entrepreneurship)과 임직원들의 피나는 노력이 있었다고 보아야 한다.

기업의 목적은 사회적 봉사나 사회 발전에 기여하는 데 있지 않다. 이 세상의 기업들은 '질 좋은 제품과 양질의 서비스를 싼 가격에 제공함으로써 소비자에게 커다란 만족을 주는 행위'를 통해 '이윤을 창출'한다는 근본적인 목적을 가지고 있다. 그 과정에서 기업은 많은 가치를 창출하며 사회에 기여를 한다. 근로자에게 임금을 지급하고, 원자재를 제공하는 기업에게 대금을 지급하고, 돈을 꾸어준 사람에게 이자를 지급하고, 부가가치세와 법인세 등의 세금을 국가에 납부한다(물론 이런 것들을 기업의 목적이라고 할 수는 없다).

여기서 흥미로운 사실은 기업을 바라보는 한국인들의 독특한 시각이다.

2006년 '기업 및 경제활동 인식'에 대한 중앙일보의 설문조사에 따르면, "기업의 목적이 무엇이라고 생각하느냐?"라는 질문에 한국인 응답자 가운데 가장 많은 사람들(34.4%)이 '사회와 국가의 발전에 있다'고 답했다. '근로자의 복지와 발전에 있다'는 응답도 27.8%에 달했다. 반면 '기업의 이익과 발전에 있다'는 응답은 16.7%에 불과했다. "기업의 오너가 사망 등의 이유로 개인 재산을 처리할 때 어떻게 해야 하느냐?"는 질문에 대해서는 77.6%가 '일부 또는 전부 사회에 환원해야 한다'라고 응답했다.

한편 중국은 응답자의 59.4%가 기업의 목적을 '기업의 이익과 발전에 있다'고 대답했다. 기업의 목적이 '사회와 국가의 발전에 있다'는 응답은 12.4%에 불과했다. "기업 오너가 사망 등의 이유로 개인 재산을 처리할 때 어떻게 해야 하느냐?"는 질문에 대해서는 응답자 대부분(63.6%)이 '오너의 자유의사에 맡길 문제다'라고 응답했다.

사회주의 국가인 중국 사람들이 기업의 목적과 기업가의 재산에 대해 훨씬 더 자본주의적인 인식을 갖고 있다는 점이 흥미롭다.[32]

이와 같은 한국인의 인식은 어디에서 기인했을까? 왜 한국인들은 (다른 나라 사람들과 달리) 기업의 목적이 사회와 국가발전에

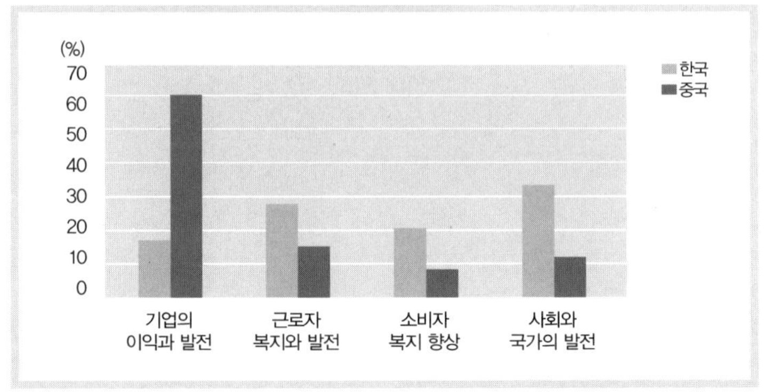

출처: 중앙일보, 2006년 8월 29일

기여하는 데 있다고 생각하는 것일까? 그 결정적인 요인을 짚어 내기 위해 '한국의 기업이 성공한 맏아들과 어떠한 점에서 유사한지'를 다시 한 번 살펴보자.

앞에서 설명한 바와 같이 의사로 성공한 맏아들은 배경 없는 집안 출신으로서, 의사가 되기 위해 피나는 노력을 기울였다. 인턴, 레지던트 기간 동안 집에도 못 가고 병원에서 수많은 밤을 뜬눈으로 새었을 것이다. 의사가 되고 나서도 고생이 끝난 것은 아니었으리라. 내과 의사라면 하루에 200명 이상의 감기 환자를 진찰했을 것이고, 외과 의사라면 심하게 다치고 피 흘리는 환자들을 매일 수술했을 것이다. 다른 의사들도 마찬가지였을 것이다.

그러나 의사로서의 생활이 행복했건 아니건, 의사로서의 성공을 전부 자신의 능력과 노력 덕분이라고 생각해서는 곤란하다.

맏아들의 성공은 다른 가족들의 희생 위에서 이루어진 결실이기 때문이다.

이는 우리나라 기업에게도 그대로 적용된다.

기업들도 현재의 자리에 이르기까지 많은 어려움을 겪어왔으리라. 처음에는 좌절도 많이 겪었을 것이다. 돈을 떼이는 경우도 있었을 것이다. 월급날이 다가오면 직원들에게 줄 돈을 구하느라 발을 구르며 애를 태우기도 했을 것이다. 현재의 재벌들도 불과 수십 년 전에는 이 비슷한 경험을 했다.

몇 년 전 MBC에서 방영한 드라마 '영웅시대'를 보면, 현대그룹 정주영 회장(차인표 분)은 사채업자 오윤근(이영후 분, 사실은 정미소 주인이기도 했다고 함)에게서 돈을 빌려 자동차 수리공장(아도서비스)을 인수한다. 그러나 한 달도 안 되어 화재로 다 태워 먹고는 다시 오윤근을 찾아가는 장면이 나온다. 사채업자가 아무런 담보 없이 다시 돈을 꾸어주었기 망정이지, 그렇지 않았다면 현재의 현대그룹은 없었을지 모른다. 다리를 건설하는 과정에서 폭우가 쏟아져 두 번이나 무너지고, 사람이 죽는 등 엄청난 손실을 입는 장면도 나온다. 회사가 망할지도 모르는 위험한 순간들이었다.

기업들이 성장하는 과정에서 총수들도 피나는 노력을 했을 것이다. 한국에서 사업을 하기가 어디 쉬웠겠는가? 바삐 뛰어다니느라 제대로 잠도 못 자고, 때로는 먹기 싫은 술을 억지로 마시면서 접대도 해야 하고, 특별한 잘못도 없이 당국이나 중앙정보부(현재의 국가정보원)에 불려가기도 했을 것이다. 국제그룹처럼 정권에 밉보여 하루아침에 공중분해되는 그룹도 있었다. 하루하루가 불안한 시간의 연속이었을 것이다.

그러나 기업인으로서의 생활이 행복했건 아니건, 기업인으로서의 성공을 전부 자신의 능력과 노력 덕분이라고 생각해서는 곤란하다. 정도의 차이는 있을지언정, 한국의 기업들은 예외 없이 정부로부터 엄청난 혜택을 받으며 성장해왔다.

그리고 그와 같은 특혜의 비용은 다른 사람들이 지불하였다. 비용을 지불한 사람들 중에는 특혜를 누리지 못한 기업들과 관련된 사람들이 있다. 특혜를 대신 받았더라면 대기업으로 성장할 수 있었던 기업들 말이다. 이들 가운데는 지금의 대기업보다 더 성공할 수 있었던 기업들도 있었으리라. 그러나 이들 기업들은 특혜를 받지 못했을 뿐만 아니라 특혜를 받은 기업들과의 경쟁에서 뒤처지는 불이익까지 받았다. 특혜를 받지 못해 시장에서 완전히 도태된 기업들도 있었다.

대다수 국민들도 일부 기업들에게 주는 특혜로 인해 비용을 지불하였다. 더 많은 세금을 부담해야 했기 때문이다. 정부가 국내의 경쟁을 억제했기 때문에 소비자들은 더 높은 가격을 지불해야 했고, 노조 활동이 억압되었기 때문에 근로자들은 낮은 임금과 열악한 환경에서 일해야만 했다.

이처럼 우리나라 기업들은 자신들이 성장하고 부(富)를 축적하는 과정에서 정부로부터 엄청난 특혜를 받았다. 그리고 그 특혜는 선택받지 못한 다른 기업, 국민, 소비자, 근로자들의 커다란 희생 위에서 이루어진 것이었다. 한국인의 대기업을 바라보는 독특한 시각에는 이러한 나름대로의 역사적 배경이 있는 것 아닐까 판단된다.[33, 34]

성공한 기업의 도덕적 의무

성공한 기업들은 사회 구성원에 대해 기본적인 도덕적 의무를 가진다.

첫째, 기업은 경제 주체로서 보편적으로 지켜야 하는 의무를 갖는다. 마이클 샌델의 분류에 따르면, 이것이 자연적 의무다. 주주, 근로자, 채권자, 협력업체, 소비자 등 이해관계자를 존중하고 법규를 준수하는 등의 의무가 여기에 속한다. 더 나아가 많은 가치(부가가치)를 창출해서 사회에 이익을 제공할 도덕적 의무를 갖는다. 이는 맏아들이 의사로서 환자들의 병을 고치고 생명을 구할 도덕적 의무를 갖는 것과 유사하다.

기업이 창출하는 가치에는 여러 가지가 있다. 먼저 기업은 소비자에게 잉여를 제공한다. 예를 들어 무더운 여름날, 생수 한

병은 목마른 사람에게 커다란 가치를 준다. 그러나 생수 한 병의
값은 그에 비해 매우 싸다. 이럴 경우 우리는 생수 한 병을 구매
함으로써 그 차이만큼의 잉여를 남긴다. 이것이 경제학에서 말
하는 소비자잉여(consumer surplus)다.[35] 기업은 소비자에게 더 많
은 소비자잉여를 제공할 도덕적 의무를 갖는다. 그리고 이는 소
비자에게 보다 좋은 상품을 보다 싼 가격에 제공함으로써 가능
하다.

기업이 창출하는 가치는 이뿐만이 아니다. 기업은 근로자에게
임금을 지급하고, 원자재를 제공하는 기업에게 대금을 지급하
며, 최종적으로 이윤(profit)이라는 가치를 창출해낸다. 따라서 기
업들은 가능하면 더 많은 임금을 근로자에게 지급하고, 더 많은
인력을 채용하고, 거래기업에 더 많은 마진을 주고, 더 많은 이
윤을 얻음으로써 더 많은 세금도 내고 더 많은 배당을 줄 도덕적
의무를 갖는다.

하버드대학의 워렌(Elizabeth Warren) 교수는 '공평한 과세(fair
taxation)' 라는 제목의 강연을 통해 "혼자 힘으로 부자가 된 사람
은 없다"며, 부자들에 대한 세금을 늘려야 한다고 주장했다. 세
금으로 도로를 깔았고, 세금으로 근로자를 교육했으므로 정당한
대가를 사회에 지불하는 것이 공평(fair)하다는 워렌 교수의 주장
은, 기업이 (더 많은 이윤을 얻어) 근로자들에게 더 많은 임금을 주
고 국가에 더 많은 세금을 내야 한다는 논지와 사실상 같은 이야

기다.

둘째, 기업은 자신의 계약과 약속을 지켜야 하는 의무를 갖는다. 마이클 샌델의 기준에 따르면 자발적 의무다. 협력업체와의 계약을 준수하고, 근로자와의 계약을 준수하며, 사회적으로 표방한 약속을 지키는 일 등이 여기에 포함된다.

셋째, 기업은 국가의 한 구성원(경제 주체)으로서 다른 구성원을 돌보아야 할 의무를 갖는다. 이것이 연대 의무다. 어려운 이웃이 있으면 앞장서서 그 사람을 돌보아야 하는 의무 등이 여기에 포함된다.

최근 기업의 사회적 책임(corporate social responsibility: CRS)이 이슈로 떠오르면서, 기업의 도덕적 의무 이행과 이를 뒷받침하기 위한 방안들이 더욱 활발히 논의되고 있다.

이상은 기업들이 정부로부터 특혜를 받지 않았더라도 일반적으로 지켜야 할 도덕적 의무들이다. 기업은 기본적으로 사회에 대해 이런 종류의 기본 의무를 갖는 것이다.

한국의 기업들은 게다가 그동안 정부로부터 무수한 특혜를 받아 왔다. 이러한 점에 비추어 볼 때 한국의 기업들은 위와 같은 도덕적 의무를 이행하는 것만으로는 자신들의 도덕적 의무를 다했다고 할 수 없다. 자신들이 받은 특혜를 생각해야 한다. 다른 많은 기업들과 국민들이 감수한 희생을 생각해야 한다. 그리고 이에 대해 보상할 추가적인 도덕적 의무가 있음을 명심해야 한다.

'성공한 맏아들' 이야기 속의 의사가 의사로서, 국민으로서 그리고 가족으로서의 기본적 의무만을 행하는 것으로 자신의 도덕적 의무를 다했다고 말할 수 없는 것과 마찬가지다. 동생들의 희생 속에서 대학에 간 맏아들이 훗날 성공한 뒤 동생들에게 추가적인 보상을 해야 하듯이, 사회 구성원들의 희생 위에서 기업로 성장한 기업들은 국민들에게 더 많은 보상을 해야 한다.

환자들이 건강을 되찾도록 도와주고, 질병을 예방해주며, 많은 생명을 살리는 일은 의사의 가장 중요한 역할이자 일종의 존재 의무다. 부모와 형제자매에게 아무리 잘하더라도 의료 능력이 떨어지는 의사를 우리는 칭찬하지 않는다. 반대로 능력이 뛰어나 많은 생명을 살리는 의사가 되었다 하더라도 자신을 위해 희생한 동생들에 대한 도덕적 의무를 다하지 않는 맏아들을 우리는 착한 사람이라고 칭찬하지 않는다.

많은 이들로부터 존경받으려면 훌륭한 의사가 되어야 함은 물론 성공의 열매를 부모와 형제자매들과 나누는 그러한 사람이 되어야 한다.

기업의 경우도 마찬가지다. 많은 부가가치를 창출하지 못하는 기업들을 우리는 칭찬하지 않는다. 그러나 부가가치를 아무리 많이 창출하더라도 그것만으로는 부족하다. 부가가치를 창출하는 것은 기업의 당연한 의무이기 때문이다. 우리나라 기업들은 처음부터 정부로부터 많은 특혜를 받으며 성장해 왔다. 그런 만큼 기업이 자신의 도덕적 의무를 다하기 위해서는 사회 구성원들의 희생 위에서 거둔 열매를 나누는 것까지 해야 한다. 이는 기업들에게 경제적 여유가 많기 때문에 다른 사람을 도와야 한다는 측면의 도덕적 의무(즉, 일반적인 연대 의무)가 아니다. 이는 자신이 특혜를 받는 과정에 암묵적으로 비용을 지불한 사람에 대한 보상이다. '빚을 갚는 차원'에서의 도덕적 의무인 것이다. 갚으면 다행인 것이 아니라 빚이므로 반드시 갚아야 되는 그런 도덕적 의무 말이다.

제4장에서 '성공한 맏아들'이 동생들에 대해 얼마만큼의 도덕적 의무를 갖는지를 계산해보았다. 그 결과 맏아들이 동생들에게 보상해야 하는 금액은 '자신이 부모로부터 받은 대학등록금보다 엄청나게 큰 금액'이라는 것을 알게 되었다.

이와 같은 결과를 기업들의 도덕적 의무와 연결시키면 어떻게 될까?

먼저 기업들이 국민들에게 보상해야 할 금액은 자신들이 받은 특혜 금액보다도 훨씬 커다란 금액이 되어야 한다.

그리고 맏아들이 동생들에게 보상해야 할 금액을 계산할 때 가장 중요한 기준은 '막내가 대학에 갔다면 추가적으로 얼마를 더 벌 수 있었을까' 하는 부분이었다. 막내는 대학에 갔다면 맏아들 다음으로 재산을 많이 얻을 수 있었던 사람이었다. 따라서 기업이 사회에 환원해야 할 보상금액을 계산할 때는 그 기업 대신 특혜를 얻었을 때 (그 기업 다음으로) 큰 이득을 얻었을 기업을 기준으로 계산되어야 한다. 이는 기업이 사회에 보상해야 하는 금액이 매우 클 수밖에 없는 이유다.

또한 기업들이 특정한 권리(일제 자산의 불하, 저리의 차관 등)를 경매를 통해 받았다면 정부에 지불했을 금액은 모두 국민의 몫이 되었을 것이다. 그런데 국민의 숫자는 무척 많다. 정부에 지불한 금액을 나눌 수 있었던 국민들이 많았다는 것이다. 앞 장에서 형제자매가 많으면 많을수록 맏아들이 보상해야 할 금액이 커진다는 것을 살펴보았다. 그런 만큼 기업이 국민에게 보상해야 하는 금액도 커질 수밖에 없다.

혹자는 말한다. 기업들이 그와 같이 많은 금액을 사회에 돌려주어야 한다면 공유자산의 비극과 같은 일이 벌어질 것이라는 것이다. 하지만 이는 오해다. 기업들이 보상해야 하는 금액이 일정하기 때문이다. 다시 말해 보상을 해야 하는 금액 이상으로 버는 돈은 전부 기업들의 몫이 된다. 따라서 기업들은 열심히 일할 인센티브를 잃지 않는다. 1조 원의 수익을 올린 기업이 2천억 원을 사회에 환원한다 해도, 1조 원에서 추가적으로 1억 원을 더 벌면 이는 모두 자신의 몫이 되는 것이다.

공기업의 도덕적 의무

포스코, 한국전력 등의 공기업들은 한국경제와 성장을 함께해 왔다. 이들 공기업들이 한국경제의 발전에 크게 기여했음은 물론이다. 1968년 설립된 포스코(당시 포항제철)는 1973년 조강 103만 톤 규모의 1기 설비를 시작으로 현재는 조강 생산량 3,372만 톤, 매출 규모 32조 5,820억 원의 세계적인 기업으로 성장하였다. 포스코의 발전은 철강을 재료로 사용하는 자동차, 조선, 기계, 건설 등 다양한 산업의 발전도 가져왔다. 고마운 일이다.

기업의 발전과 함께 근로자들의 복지수준도 높아졌다. 사원주택 공급, 사내 병원 운영, 초·중·고등학교의 설립 등 그 복지수준은 남들의 부러움을 살 정도다. 한국경제의 성장을 이끈 만큼 그런 대접을 받는 것이 당연하게도 보인다.

그러나 자신의 발전 모두를 자신들이 이룬 것으로 착각하면 곤란하다. 공기업들의 과거 역사를 한번 돌아보면 쉽게 알 수 있다.

그들은 어떻게 현재와 같은 기업으로 발전할 수 있었을까?

중요한 점은 과거 엄청난 특혜와 보호막 속에서 성장했다는 것이다. 공기업이기 때문에 경쟁이 아예 없었던 경우도 있었다. 독점을 바탕으로 성장한 경우다. 그 비용을 소비자들이 부담한 경우도 많았다. 과거 통신요금이 얼마나 비쌌는지를 돌아보면 명확해진다. 30년 전 국제전화 요금은 1분에 1천 원이 넘었다.

지금 물가로 환산하면 1만 원이 넘는 수준이다. 경쟁이 있는 경우에도 정부의 엄청난 지원을 통해 경쟁에서 살아남았다. 그리고 그 지원의 부담은 국민이 졌다.

그렇다면 정부로부터 엄청난 특혜를 받아 성장한 공기업들도 사기업들의 도덕적 의무와 유사한 도덕적 의무를 가져야 하는 것은 당연하다. 기업으로서 많은 가치를 창출해 사회에 기여한 것은 높이 평가하지만 그것만으로는 부족하다는 것이다.

다시 포스코를 예로 들어보자. 박정희 대통령이 고속도로 건설과 제철소 건설을 강력히 밀어붙인 것은 널리 알려진 사실이다. 그러나 1965년 체결된 한일협정(대한민국과 일본 간 기본관계에 관한 조약)에 의해 한국이 배상 받은 5억 달러(3억 달러의 무상공여 및 2억 달러의 정부차관) 가운데 상당 부분이 고속도로와 제철소 건설에 쓰인 것을 아는 사람은 많지 않다. 일본이 배상한, 한국 국민에게 돌아가야 할 돈이 그렇게 쓰인 것이다. 따라서 포스코는 국민들의 돈을 기반으로 하여 현재에 이른 것이다. 그렇다면 포스코 역시 자기 몫을 받지 못한 다른 사람들에 대해 보상을 해야 할 도덕적 의무를 생각해야 한다.

과연 공기업들은 어떻게 생각하고 있을까? 그리고 어떤 노력을 하고 있을까?

석유왕 록펠러가 더 일찍 변했어야 하는 이유

한국의 기업들은 그동안 자신에게 주어진 도덕적 의무를 다해 왔다고 할 수 있을까?

안타깝게도 대답은 '아니오'다. 성공한 기업들이 얻은 이득의 사회적 환원이 크게 부족하다는 의미다. 재벌닷컴(www.chaebul.com)이 2009년 매출액 1조 원 이상의 대기업 110개를 대상으로 2006~2007년 기부금 지출내역을 분석한 결과, 종업원 복지기금 등을 제외한 순수 사회기부금은 총 9,948억 원이다. 이는 같은 기간 중 이들 기업 당기순이익의 2.6%에 불과한 수치다.[36] 사회기부금이 당기순이익의 1%도 안 되는 기업도 30개가 넘었다. 심지어 사회기부금이 전혀 없는 기업들도 있었다.

재벌 총수와 가족들의 개인적 기부도 다른 선진국과 비교하면 턱없이 적은 수치다. 가끔 큰 금액의 기부를 약속하는 경우도 있지만 사회적 물의를 일으키고 이를 무마하기 위한 임시방편이 대부분이다. 사람들의 관심이 잦아들면 언제 그런 말을 했느냐는 식으로 얼렁뚱땅 넘어가곤 했다.

미국의 억만장자 40명이 재산의 절반 이상을 사회에 환원하겠다고 선언한 적이 있다. 워런 버핏(Warren Buffett) 버크셔 해서웨이 회장과 빌 게이츠(Bill Gates) 마이크로소프트 창립자가 주도한 이 선언에는 이밖에도 래리 앨리슨(Larry Ellison) 오라클 창업

자, 마이클 블룸버그(Michael Bloomberg) 뉴욕 시장, 조지 루카스(George Lucas) 영화감독, 테드 터너(Ted Turner) CNN 창업자 등이 참여했다. 법적 구속력은 없다고 하지만 여기에 참여한 사람들의 재산을 절반만 합쳐도 175조 원이 넘는, 엄청난 약속이다.[37] 블룸버그 시장은 기부서약 운동단체 '더 기빙 플렛지(The Giving Pledge)' 에 보낸 편지를 통해 이렇게 말했다.

"아무리 부자인들 그 재산을 다 쓰지도 못하고, 죽을 때 갖고 가지도 못합니다. 당신의 도움으로 다른 이들의 삶이 바뀌는 것을 직접 눈으로 볼 수 있다면 그것이야말로 당신이 할 수 있는 가장 만족스러운 일이 될 것입니다."[38]

말년에 자선가로 이름을 날린 미국의 석유 왕 록펠러. 그는 경쟁기업을 희생시켜 가며 석유 산업을 독점화했고, 이를 통해 가격을 인상하며 많은 돈을 번 인물이다. 입법부를 매수하기도 하고 광산 노동자의 파업을 무자비하게 진압하는 과정에서 많은 사상자를 내기도 했다.

역사상 최고 부자였던 그는 한마디로 잔인한 독점 자본가였으며, 미국인들이 가장 증오하는 사람 가운데 한 명이었다. 그러던 그가 불치병으로 1년 이상 살지 못한다는 진단을 받은 55세 때의 일이다. 최후의 검진을 받기 위해 휠체어를 타고 병원으로 이끌려가는 길에 로비에 걸린 커다란 액자 속의 글귀가 눈에 들어왔다. '주는 자가 받는 자보다 더 복되다.'

순간 지난날의 성공과 부(富)를 향해 앞만 보고 살아왔던 거친 삶이 온몸으로 느껴졌다. 전율과 함께 뜨거운 눈물이 솟았다. 때마침 입원 수속 카운터 앞에서, 병든 소녀를 데리고 온 어머니가 입원비가 없어 울면서 애걸하는 소리를 들었다. 록펠러는 비서에게 입원비를 대신 내주게 하고 이를 비밀에 부치도록 지시했다. 얼마 후 소녀는 기적적으로 회복되었고 멀리서 그 모습을 지켜본 록펠러는 이 순간의 느낌을 훗날 자서전에 썼다. "살면서 이렇게 행복한 삶이 있는지 몰랐습니다." 이후 그는 재산의 상당 부분을 사회에 환원하며 자선가로 변신했다. 다른 사람들의 것을 빼앗으며 산 55세까지의 삶보다 베풀면서 산 그 이후의 삶이

더 행복했다고 록펠러는 말했다.[39]

그럼에도 불구하고 록펠러에 대한 사람들의 평가는 여전히 극단적으로 엇갈린다. 비난하는 쪽은 젊어서 너무 많은 나쁜 짓을 했다는 이유를 든다. 록펠러가 더 일찍 변했어야 했던 것일지도 모른다.

영국에서도 규모는 작으나 미국의 기부서약운동과 유사한 운동이 벌어지고 있다. '리거시 10(Legacy10)'이라 불리는 이 운동은 개인 재산의 10%를 기부하는 운동이다. 영국 버진그룹(Virgin Group) 창업자 리처드 브랜슨(Richard Branson), 유럽 최대 핸드폰 판매업체인 카폰 웨어하우스(Carphone Warehouse) 공동 창업자 찰스 던스턴(Charles Dunston) 등이 참여하고 있다.[40]

개도국에도 그러한 기업들이 있다. 대표적인 예로 인도에서 두 번째로 큰 기업인 타타그룹(Tata Group)을 들 수 있다. 타타그룹의 씨앗을 뿌린 사람은 잠세트지 타타(Jamsetji Tata)이다. 19세기 말 섬유업으로 돈을 모은 그는 300원을 벌면 200원을 기부한다는 정신으로 사업을 시작한 인물이다. 말년에는 영국을 능가하겠다며 재산의 절반을 기부해 인도과학원(Indian Institute of Science, IISc) 설립을 주도했고, 이곳에서 여러 명의 노벨상 수상자가 배출되었다. 현재도 그룹의 지주회사인 타타선즈(Tata Sons) 주식의 2/3는 자선재단이 보유하고 있으며, 지주회사 수익금의 60%를 자선기금으로 사용한다. 매년 1억 달러가 넘는 금액이다.

최근에는 저소득층의 삶의 질을 높이기 위해 초저가 자동차 및 조립주택 등도 출시했다.[41]

우리나라에도 도덕적인 의무를 다한 기업인들이 있다. 1926년 유한양행을 창업한 유일한 씨는 유언을 통해 자신 소유의 유한양행 주식 전부를 재단법인 '한국사회 및 교육 원조 신탁기금'에 기부했다. "기업은 개인의 것이 아니며 사회와 종업원의 것이다"라는 철학을 가지고 기업을 경영한 그는 사업 일선에서 물러나던 즈음에는 자녀들을 배제하고 혈연관계가 전혀 없는 전문경영인에게 경영권을 넘겼다.[42] 이는 자신의 도덕적 의무보다 더 많은 것을 사회에 돌려준 사례다.

조선시대 400년 동안 부와 명성을 유지해 온 경주 최 부잣집의 가훈은 TV 공익광고에 소개될 만큼 유명하다. 남을 배려하

경주 최 부잣집의 가훈 요약[43]

① 과거시험은 보되, 진사(제일 낮은 벼슬) 이상의 벼슬은 하지 말라.

② 재산을 1만 석 이상 모으지 말라.

③ 과객을 후하게 대접하라.

④ 흉년에는 남의 논과 밭을 사지 말라.

⑤ 며느리는 시집을 온 후 3년 동안 무명옷을 입혀라.

⑥ 사방 100리 안에 굶어 죽는 사람이 없게 하라.

고, 남에게 피해를 주지 않으며, 지나친 욕심을 부리지 않는 것
이 궁극적으로 자신에게 더 좋다는 보편적이지만 너무도 중요한
교훈들이다. 우리나라 기업 총수들과 가족들이 다시 한 번 생각
해야 할 부분이다.

무조건적 혜택의 아쉬움 ─ 법과 원칙에 따른 '사후 간섭'

기업들이 자신들의 도덕적 의무를 다하지 않고 있는 현실을 보
면, 가난한 부모가 맏아들을 대학에 보내면서 '훗날 동생을 보살
펴라' 는 약속을 받듯이, 과거 우리나라 정부도 기업들에게 특혜
를 줄 때 그 이득의 일부를 사회에 환원하라는 강력한 조건을 달
았어야 하지 않았나 하는 생각이 든다.

그러나 정부는 그렇게 하지 않았다. 이에는 다양한 이유가 있
었을 것이다. 맏아들 사례에서도 그랬듯 특혜 정책으로 인해 얼
마나 많은 이득을 얻게 될지 정확히 알 수 없었을 것이다. 불하
받은 일제의 귀속재산이 경제적으로 얼마만한 가치에 달하는지,
임금인상을 억제하고 시장개방을 늦추어줘 기업들이 얼마나 많
은 이득을 얻게 되는지 정확히 알 수 없기 때문이기도 했을 것이
다. 또는 기업들에게 특혜를 줄 때, 장차 다른 기업들이 할 수 없
는 가치 창출을 이루어 사회에 진 빚을 갚을 것이라고 기대했을

수도 있다. 이런 이유들과 달리 기업들에게 특혜를 주는 과정에서 기업과 담당 공무원 및 정치인이 이득을 나누어 가진 경우도 있었을 것이다.

이유야 어쨌건 정부는 기업들에게 아무런 계약이나 약속 없이 특혜를 주었다. 그 특혜를 바탕으로 기업들은 비약적인 성장을 했다. 앞에서 설명한 것처럼 오늘날 세계적인 수준의 기업으로 성장한 것이 모두 정부의 특혜 때문만은 아니다. 비슷한 특혜를 받고도 망한 기업들이 적지 않고, 특혜를 상대적으로 적게 받았지만 더 크게 성공한 기업도 있다. 그러나 결과만을 놓고 보았을 때, 성공의 과실을 나누기 위한 기업들과의 계약이나 약속 없이 정부가 기업들에 대해 특혜를 퍼주었던 것은 더없이 아쉬운 대목임에 틀림없다.

이제 와서 정부가 할 수 있는 일이 혹시 있을까? 정작 특혜를 줄 때는 아무 말도 하지 않았던 정부가 이제 와서 기업들에게 어떤 요구를 할 수 있을까?

원론적으로는 불가능하다고 할 수 있다. 사전에 계약이나 약속을 한 금전적 내용도 온전히 보상받기가 쉽지 않은데, 아무런 근거도 없는 보상을 '강요' 해봐야 그 효과는 없을 것이기 때문이다. 기업의 입장에서는 정부의 느닷없는 강요를 받아들이기 쉽지 않으리라.

그렇다고 정부가 현재 할 수 있는 일이 전혀 없는 것은 아니

다. 기업들의 도덕적 의무 이행에 대한 사회적인 압력은 존재한
다. 이는 정부의 다양한 사후적 간섭이란 형태로 나타날 수 있
다. 정부가 나서서 대기업을 규제하는 것이 대표적인 예다. 헌법
을 보더라도 ‘국민생활의 균등한 향상을 기하는’ 것은 국가가
추구하는 중요한 가치 중 하나다. 이에 따라 실제로 대기업들은
공정거래법, 유통산업발전법, 상생법, 하도급법은 물론 고용보
험법, 방송법, 자본시장과 금융투자업법, 금융지주회사법 등 다
양한 법에 의해 규제를 받고 있다.[44]

최근에는 재벌기업들의 초과이익을 협력업체와 공유하도록
제도화한다는 소리도 들린다. ‘오죽하면 정부가 다 나설까’ 하는
생각도 든다. 정부의 기업 규제는 어렵게 사는 동생들을 조금도
배려하지 않는 맏아들을 부모가 꾸짖는 것과도 같아 보인다.

재벌규제에 관한 논란은 수십 년 동안 지속되어 왔다. 수차
례 도입과 폐지를 반복해오다 현재 폐지된 출자총액제한제도가
대표적인 예다. 재벌기업의 슈퍼마켓 시장 진출을 규제하는 유
통산업발전법 및 상생법에 대한 논란도 아직 진행형이다. 중소
기업 적합업종제도에 관한 논란도 새로이 벌어지고 있다. 재벌
규제를 비판하는 사람들은 이것이 기업의 투자를 억제하고, 경
제의 효율성을 저해함으로써 한국경제의 발전을 막는다고 주장
한다.

그와 같은 재벌규제 반대론이 타당하더라도 이는 어디까지나

공리주의 차원에서의 주장이다. 경제 전체 차원에서 볼 때 재벌을 규제하는 것이 바람직하지 않다는 것이다. 그러나 경제 전체의 파이를 아무리 크게 하더라도 경제적 약자를 더욱 약자로 만드는 정책은 롤스의 기준에 따르면 좋은 정책이 아니다.

이러한 차원에서 보더라도 기업들의 도덕적 의무 이행은 매우 중요하다. 정부가 공리주의에 입각해 사회 전체의 파이를 극대화하는 정책을 추구할 수 있도록 하기 위해서는 이를 통해 커다란 이득을 얻는 기업들이 그 이득의 일부를 피해를 입는 사람들에게 내어 놓아야 한다.

반대로 말하면 재벌에 대한 규제 완화가 강력한 명분을 얻으려면 규제 완화를 통해 얻어지는 이득의 일부가 사회에 환원되어야 한다. 그래야 모든 사람들이 이득을 얻는 원-원(win-win)이 가능해진다. 그리고 원-원이 가능해져야 그러한 선택이 롤스의 기준에 의해서도 최선의 선택이 되는 것이다.

자유무역협정(FTA)과 같은 정부의 정책도 마찬가지다. 일부 기업들에게 유리한 어떤 정책이 바람직하다면 이는 경제 전체적으로 긍정적인 효과가 부정적인 효과보다 크기 때문이지, 그러한 정책으로 인해 피해를 입는 사람이 없기 때문이 아니다. 그렇다면 그러한 정책이 확실한 정당성을 갖기 위해서는 모든 사람들이 원-원 할 수 있어야 한다. 그리고 이를 위한 보상이 정부에 의해 이루어질 수도 있지만, 이로 인해 커다란 이득을 보는 기업들에 의해 이루어지는 것이 더 원칙에 맞다.

기업들이 그러한 도덕적 의무를 다하지 않을 경우, 사후적인 간섭에 대한 국민들의 요구는 더 거세진다. 사후적인 간섭에 대한 사회적 요구가 정치적 압력으로 발전할 수도 있고, 비효율성을 감수하고 기업들을 규제할 가능성도 높아진다.

정부에는 노부모에게 없는 힘이 있다. 그리고 노부모와 달리 정부는 국민의 의사결정을 따를 수밖에 없다. 이것이 민주주의다. 강제적 의무가 아니라 도덕적 의무라고 해서 기업이 자신의 도덕적 의무를 무시할 수 없는 이유다.

다만 정부의 힘은 남용될 수 있다. 이러한 점에서 보면 기업에 대해 정부가 사후에 간섭하는 것 또한 신중하게 고민해야 할 것이다.

정부가 기업들을 규제하거나 간섭할 경우 반드시 법과 원칙의 테두리 안에서 이루어져야 한다. 정부가 기업들을 임의적으로 평가해서 규제하는 방식은 바람직하지 않다. 평가라는 것이 제대로 될지 매우 불확실하기 때문이다. 평가란 참으로 어려운 작업이다. 도덕적인 부분을 평가할 때는 더욱 그렇다. 무엇이 도덕적인 것인지조차 알지 못하는 것이 도덕이다. 복잡하기 그지없는 현대사회에서 다양한 가치관이 존재하듯 도덕성의 기준 또한 다양하다.

임의로 도덕적 평가를 내린다고 가정했을 때 근로자를 우선해야 하는지, 소비자를 우선해야 하는지, 협력업체를 우선해야 하는지, 가난한 서민을 우선해야 하는지 불확실하기 이를 데 없다. 협력업체를 우선으로 한다 해도, 1차 협력업체를 우선해야 하는지, 2차 협력업체를 우선해야 하는지, 3차 협력업체를 우선해야 하는지 불확실하다. 이로 인해 평가가 잘못 내려지거나 그 기준이 왔다갔다 제멋대로라면, 안 하느니만 못한 결과가 나올 수도 있다.

심지어 평가기준은 정권에 따라 달라질 수 있다. 평가기준이 아무리 잘 마련되었다 해도 이를 적용하는 사람이 자의적으로 적용할 수도 있다. 정부의 과도한 간섭은 또 다른 특혜와 유착을 낳을 수 있다. 과거의 정부가 기업들에게 특혜를 줄 때도 분명 어떤 명분이 있었을 것이다. 그러나 그 역시 특혜의 일종이었을 뿐이다. 기업을 규제하는 과정에서 특정 기업에 대한 또 다른 특혜가 발생할 수 있다는 것이다. 그리고 이와 같은 특혜는 특혜를 주는 자와 받는 자 간의 유착과 비리로 다시 이어질 수 있다.

재벌들이 도덕적 의무를 다하도록 압력을 가하는 대신 인센티브를 주면 되지 않느냐는 주장도 있다. 그러나 이 방법에는 중대한 오류가 있다. 인센티브를 누가 부담하느냐는 문제다. 결국 인센티브는 국민 부담으로 돌아갈 수밖에 없는데, 재벌들에게 주는 인센티브를 국민이 부담해야 한다는 것은 도대체 말이 안 되는 이야기다.[45]

CHAPTER

6

그들은 어떻게
부자가 되었나

제1공화국 출범 이후부터 현재까지 정부의 특혜를 받은 것은 일부 기업들만의 이야기가 아니다. 우리나라의 부자들 가운데 상당수의 사람들도, 자신들이 깨닫거나 그러지 못하는 사이에 다른 사람들의 희생을 통해 많은 이득을 얻어 왔다.

이것이 어떠한 방법으로 가능했을까? 그리고 이런 경우 부자들은 어떤 도덕적 의무를 갖게 될까?

강남 불패 신화

한국전쟁 이후 서울의 인구는 폭발적으로 증가했다. 일자리 등을 찾아 서울로 상경하는 사람들 때문이었다. 휴전 직후 127만 명이던 서울 인구는 1960년 244만 명, 1965년 347만 명으로 늘었다. 이는 도심 과밀화라는 문제점을 낳았다. 이에 따라 1963년에는 양주군, 광주군, 김포군, 시흥군, 부천군의 일부가 서울로 편입되었다. 이후로 '남서울계획', '새서울백지계획' 등 강남 개발 구상들이 발표되었다.

강남 개발의 본격적인 시발점은 사실상 한남대교가 완공되고 경부고속도로가 개통된 시점이다. 한남대교(당시의 제3한강교)는 1966년 1월 착공되어 1969년 12월 완공되었다. 한남대교가 건설되기 이전에 강남은 서울 시민들을 위한 채소와 과일들이 재배되는 농지가 대부분이었다.

당시 서울에 있는 한강 다리는 한강대교(제1한강교), 양화대교(제2한강교)뿐으로,[46] 한남동에서 강남으로 가기 위해 사람들은 나룻배를 타야만 했다. 나룻배라고는 하지만 자동차를 싣고 한남동과 신사동을 왔다갔다할 만큼 규모가 큰 배였다. 다만 배가 강물에 떠내려가지 않도록 한강 양쪽에 굵은 밧줄을 매어 운행하는, 조금은 원시적인 형태였다. 배를 타고 신사동에 내리면 포장되지 않은 길과 밭이 이어졌다. 이것이 불과 50여 년 전 서울의 강남, 그것도 강북과 가장 가까운 신사동의 모습이었다.

한남대교의 건설에 이어 1970년에는 경부고속도로가 완전 개통되었다. 당시 많은 반대 속에서 추진된 경부고속도로는 물류의 혁신을 가져오며 1970년대와 1980년대 한국경제의 성장을 이끄는 견인차가 되었는데, 이 또한 강남개발을 본격화하는 데 크게 기여했다.[47]

당시 강남은 영등포 동쪽이라고 해서 영동(永東)이라고 불렸는데, 현재의 강남구와 서초구가 분리되기 이전이므로 두 지역을 모두 포함했다. 강남 개발은 경부고속도로 양 옆 지역의 토지구획정리사업에서 시작해 그 대상이 점차 확대되며 이루어졌다. 토지구획정리사업으로 여의도 면적의 10배나 되는 황량한 벌판이 고속도로 양 옆으로 드러났고, 이를 개발할 필요성이 더욱 커졌던 것이다.

이에 따라 강북의 개발을 억제하고 강남의 개발을 지원하는 정부(서울특별시 포함)의 정책이 시작되었다. 강북에는 특정시설제한구역을 두어 백화점, 도매시장 등의 신규 시설이 금지되었다. 반면 강남에는 공무원 아파트가 건설되고 공공기관과 명문 고등학교가 이전되었다. 경기고등학교를 비롯해 서울, 휘문, 중동, 경기여자, 숙명여자고등학교 등이 이렇게 강남으로 이전했다. 현재의 송파구와 강동구까지 강남에 포함할 경우 보성, 배재, 창덕여자, 정신여자고등학교 등 더 많은 고등학교가 강남으로 이전한 셈이다. 이들 고등학교는 이후 강남을 명문학군으로 이끌며 강남 발전을 가속화했다. 법원, 검찰청, 관세청, 조달청, 특허청 등도 강남으로 옮겨졌다.[48] 여기저기 흩어져 있던 고속버스터미널도

1980년대에 이르러 현재의 자리로 통합·이전되었다.

강남구의 대규모 택지개발은 1980년대 개포지구 개발로 이어졌다. 잇따라 송파구와 강동구가 개발되면서 강남의 발전은 이후로도 계속되었다. 새로이 개발된 강남은 강북에 비해 깨끗했고, 토지구획정리사업의 결과로 도로도 강북에 비해 넓게 발달되었으며, 대규모로 공급되는 아파트와 다양한 편의시설이 시민들에게 큰 인기를 끌었다. 그래서 서울의 전통적인 중·상류층을 이 지역으로 끌어들였다.

정부의 강남 개발과 강남 지원이 잘못된 정책은 아니었을지 모르지만 결과적으로 강남 부동산 가격의 폭등은 새로운 부자들의 급작스러운 탄생을 가능케 했다. 1963년 1평(3.3m²)에 400원 하던 강남구 신사동의 땅값은 한남대교가 완공된 1969년에 10,000원을 돌파했으며, 10년 뒤인 1979년에는 400,000원에 달하게 되었다. 현재 신사동의 땅값이 최소한 수천만 원임을 감안하면 50년도 안 된 기간에 땅값이 10만 배 가까이 뛴 것이다(토지구획정리사업으로 정부가 땅의 절반 정도를 수용한 점을 감안하면 실제 가격 상승은 이보다 다소 낮아진다).

강남 개발로 부동산 가격이 폭등하자 돈을 벌기 위해 사람들이 강남으로 몰려들었다. 복부인도 이때 등장했다. 부동산 불패라는 용어는 최근까지도 이어졌다. 2008년 1월 1일 기준으로 강남구 땅값은 모두 141조 원이다. 실로 엄청난 부의 증대가 이루

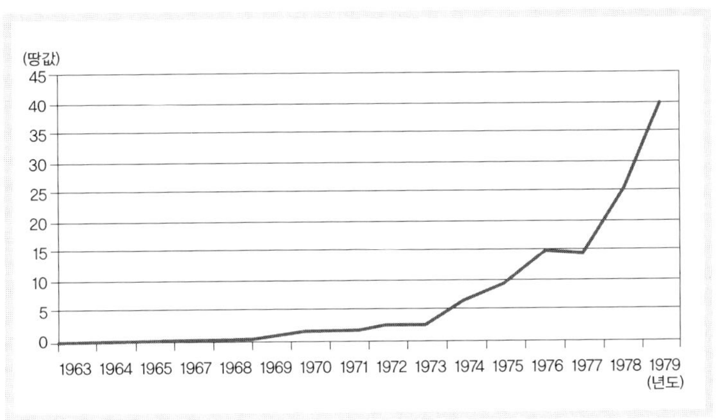

출처: 서울역사박물관 보도자료, 2010년 12월 28일.

어진 것이다.[49] 게다가 이는 기준시가이며 실제 가치는 이보다 훨씬 더 높다.

강남이 정부의 차별적인 혜택 속에서 강북에 비해 크게 발달하면서 집을 어디에 갖고 있는지에 따라 서울 시민의 가계 재산은 급격한 차이를 맞게 되었다. 강남과 강북이 비대칭적으로 발전하면서 서울 시민들이 겪는 부의 불평등도 심화되었다. 강남 개발로 인해 돈을 많이 번 사람들 가운데는 강남에서 오래전부터 살던 사람들도 있었지만 나머지 대부분은 강남 개발 정보를 미리 알고 투자를 했거나, 부동산 업자들이 부추기는 대로 따랐거나, 강남의 발전을 어느 정도 예견한 똑똑한 사람들이었다. 물론 친구 따라 강남으로 간, 운이 좋은 사람들도 있었다.

그러나 강남 개발은 그냥 이루어진 것이 아니다. 정부가 강북 개발을 억제하고 경제적 자원을 강남으로 집중시킨 가운데 이루어진 성과다. 강남 개발이 강북 및 여타 지역의 희생 위에 이루어졌다는 것이다. 결국 강남 개발로 인해 부자가 된 사람이 있다면, 그 사람은 강북 및 여타 지역 시민들의 희생 위에서 부를 축적한 셈이다. 경제적 자원이 강남에 집중적으로 지원되지 않고 강북이나 다른 지역으로 향했다면 그 지역이 강남 대신 개발되고 발전했을 것이기 때문이다.

강남 개발을 예로 들었지만, 도시 내 특정 지역의 개발은 강남 지역만을 대상으로 이루어진 것이 아니었다. 1980년대의 목동, 상계동 개발처럼 강남 이외 지역이 개발된 경우도 있었으며 최근에는 '뉴타운'이라는 이름으로 도시 재개발 정책이 활발히 추진되기도 하였다.

도시 재개발 정책은 낙후된 지역을 개발함으로써 도시의 경제성을 높이고 생활환경을 깨끗하게 하는 장점이 있다. 그러나 이를 추진하는 과정에서 부작용이 나타난 것 또한 사실이다. 어려운 세입자들이 살 곳을 잃고 도시의 주변으로 쫓겨났고, 이들의 저항을 폭력으로 해결하는 과정에 많은 사상자가 발생하기도 하였다.

신도시 개발의 빛과 그림자

정부의 개발정책으로 커다란 부를 모은 것은 물론 서울(특히 강남) 사람들만의 이야기가 아니다. 지난 수십 년 동안 전국적으로 수많은 신도시들이 개발되었고 그 과정에서 많은 사람들이 돈을 벌었다.

1970년대 후반 서울 인구가 증가함에 따라 정부는 서울의 주거 기능과 정부 청사를 이전하기 위해 과천 신도시를 개발했다. 서울 지역의 주택 부족이 심화되고 집값이 크게 상승하자 1980년대 후반부터는 '수도권 5개 신도시 건설사업'이 추진되었다. 분당, 일산, 평촌, 산본, 중동 신도시가 개발된 것이 그때였다. 2000년에는 판교, 천안·아산 신도시 개발계획이 줄줄이 발표되었고, 그 이후에도 위례 신도시, 화성 및 동탄 신도시, 김포 한강 신도시 개발 등이 발표되면서 현재까지도 개발이 이어지고 있다.

신도시 개발은 서울을 중심으로만 이루어진 것이 아니다. 중화학공업 육성 시책과 관련해 창원, 반월 신도시가 개발되었으며, 부산에서는 정관, 양산 등의 신도시가 개발되었다. 대구, 대전, 인천 등지에서도 도시 외곽에 있는 미개발 지역에 대한 개발이 신도시 개발이라는 이름으로 이루어졌다.

신도시 개발이 일반적으로 바람직한 방향의 정책인지, 도심의 개발이 더 좋은 대안인지 하는 논의는 여기서 다루지 않는다. 한 가지 확실한 것은 정부의 자원이 이들 지역에 투자되면서 많은 돈을 번 사람들이 생겨왔다는 사실이다.

2006년 광교 신도시만 하더라도 100억 원 이상 보상 수령자가 51명에 달한 것으로 알려지고 있다. 550억 원을 보상받은 사람도 있었다고 한다.[50] 정부가 신도시와 택지 개발을 위해 보상한 돈은 2009년에만 총 20조 원 규모였다.[51] 어마어마한 규모다.

이와 같은 보상금이 보상을 받는 사람들에게 특혜가 되는 것은 신도시 개발 계획이 미리 알려져 계획이 정식 발표되기 이전부터 땅값이 크게 오르기 때문이다. 신도시 개발계획이 발표된 이후에서 보상금을 받는 기간까지 땅값은 더 오른다. 이 때문에 정부의 보상금은 신도시 개발이 있기 이전의 땅값에 비해 계속 높아지는 것이다.

신도시가 개발될 때 토지가 수용되지 않는 사람들이 얻는 이득은 이보다 더 크다. 실제 땅값이 보상금 수준보다 높아짐에 따라 토지가 수용되지 않는 곳의 소유자들이야말로 신도시 개발의 이득을 모두 챙길 수 있기 때문이다.

신도시 보상 등이 이루어질 때면 보상금을 더 받기 위한 탈법과 편법이 공공연히 자행된다. 나대지에는 쓸모없는 나무나 채소를 심기도 하고, 용도 불분명한 가건물을 짓기도 한다. 보상금이 적다고 현수막을 걸고 신도시 개발을 반대하고 데모를 벌이는 경우도 있다.

여기서 반드시 짚고 넘어가야 할 점은 이들 신도시의 개발로 인해 개발이 늦어지거나 억제되는 도심 지역이 발생한다는 점이다. 정부의 자원이 한정되어 있기 때문에 신도시 개발에 자원이 집중되면 다른 지역의 개발은 그만큼 늦어지게 되어 있다. 더욱 중요한 점은 신도시 개발로 돈을 버는 사람과 그 비용을 지불하는 사람이 다르다는 점이다.

세종시 문제도 마찬가지다. 행복중심복합도시를 줄여 어떤 이들은 행(정중심)복(합)도시, 즉 행복도시라 하고, 어떤 이들은 (행정)중(심)복(합)도시, 즉 중복도시라고도 한다. 공평성을 강조하느냐 효율성을 강조하느냐에 따라 입장이 달라지는 것이다. 세종시의 추진이 바람직한가 그렇지 않은가 역시 여기서 논의하지는 않는다. 다만 지적하고 싶은 것은 세종시의 추진이 바람직하건 그렇지 않건, 그 정책이 시행됨으로써 큰 이득을 보는 사람들이 존재한다는 사실이다.

세종시 인근에 부동산을 갖고 있는 사람들은 이미 대부분 세종시 개발의 혜택을 누리고 있다. 부동산 가격이 크게 상승했기 때문이다. 보상금을 받아 큰돈을 만지게 된 사람도 있다. 건설 경기가 바닥인 지금, 세종시 건설에 참여한 건설 회사들도 큰 이득을 보고 있을 것이다. 세종시가 장기적으로 잘 정착될 경우, 새롭게 돈을 버는 사람들은 더 많아질 것이다.

반면 세종시로 인해 피해를 보는 사람도 있기 마련이다. 먼저, 과천에서 공무원을 상대로 장사를 하던 사람들이 피해를 볼 것이다. 서울과 과천 등지에서 거주하는 공무원들과 그 가족들도 피해를 볼 것이다. 아이들이 잘 다니고 있는 학교를 떠나 다른 곳으로 이사 가기는 쉽지 않다. 매일 출퇴근하자니 시간과 돈이 아깝고, 주말 부부를 하자니 가정생활이 어려워질 것이다. 일부 연구원의 경우, 벌써부터 고급 인력의 10~20%가 해마다 연구소를 떠나 대학이나 서울에 있는 다른 직장으로 옮기고 있다.

고속도로 건설 — 그들은 지금 어떻게 살고 있을까

1964년 독일(당시 서독)을 방문한 박정희 대통령은 본-쾰른 구간을 시속 160km로 달리면서 독일 고속도로인 아우토반에 깊은 감명을 받았다. 에르하르트 서독 총리는 독일의 경제부흥의 원동력이 아우토반에 있었음을 강조하면서 사회간접자본에 대한 선행투자의 필요성을 설명했다. 도로나 항만과 같은 시설이 구축되지 않을 경우 빠르게 증가하는 물동량을 감당하지 못해 공업화를 이루기 어렵고, 나중에 이를 구축하려 할 경우에는 땅값 및 임금 상승으로 인해 건설비용이 크게 증가한다는 것이었다.[52]

박정희 대통령의 고속도로 건설 구상은 이때부터 시작되었다.

1967년 서울, 인천, 강릉, 부산, 목포를 잇는 대(大)자 형태의 고속도로 건설을 대통령 선거 공약으로 내세운 그는 고속도로 건설을 적극 추진했다. '자동차 한 대도 만들지 못하는 나라에 무슨 고속도로냐'는 비판 속에서도 이듬해인 1968년 경인고속도로 서울-가좌 간 23.5km가 개통되고, 경부고속도로 서울-수원 간 24.0km가 개통되면서 한국의 고속도로 시대가 열렸다. 이후 호남, 영동, 울산, 구마(현재 중부내륙), 남해, 88올림픽 고속도로가 속속 개통되면서 전국이 일일생활권에 포함되어 갔다.[53]

다른 도로들도 마찬가지겠지만 특히 고속도로 건설은 물류교통의 원활함을 넘어 부의 재분배를 가져온다.

서울-춘천 간 고속도로(경춘고속도로)가 2009년 7월 개통되면서 서울에서 춘천까지 1시간 30분~2시간 가까이 걸리던 시간이 40분대로 크게 단축되었다. 이로 인해 서울과 춘천을 오고 가는 사람들을 비롯해 경춘고속도로를 이용하는 많은 사람들이 커다란 혜택을 누리고 있다. 경춘고속도로를 건설한 회사들도 돈을 많이 벌었을 것이다. 고속도로 주변의 땅값도 많이 올랐다. 춘천의 표준지 공시지가는 2010년 6.22%가 오른 것으로 나타났는데, 이는 전국 최고 상승률이었다.[54]

반면 그 반대의 경우에 놓인 사람들도 있다. 고속도로의 건설로 인해 손해를 본 사람들이다. 과거부터 서울과 춘천을 이어주던 국도 주변의 사정이 바로 그러하다. 차량들이 경춘고속도로로 몰리면서 서울–춘천 간 국도를 이용하는 사람들이 크게 줄었다. 국도변의 휴게소, 식당, 주유소 등을 이용하는 사람들도 크게 줄 수밖에 없다. 이 지역에서 영업을 하던 사람들이 큰 손해를 입고 있는 것이다. 이 지역의 땅값도 당연히 떨어졌을 것이다.

과거 영동고속도로의 사정은 더하다. 영동고속도로 원주–강릉 구간은 원래 2차선이었다. 강릉으로 가기 위해서는 낭떠러지가 옆으로 보이는 꼬불꼬불한 대관령 길을 아슬아슬하게 넘어야만 했다. 시간도 많이 걸렸다. 다행히 원주–강릉 구간이 4차선으로 새롭게 개통되면서 서울–강릉 길이 많이 편해졌다. 산에 터널을 뚫고 길을 직선으로 내면서 소요 시간이 크게 단축된 것이다. 반면 과거 영동고속도로 원주–강릉 구간은 지금은 황량하기 그지없는 길이 되어버렸다. 오고 가는 차량이 거의 없어졌다. 제대로 관리가 되지 않고 있어 도로의 상태도 엉망이다. 과거 원주–강릉 구간에서 장사하면서 먹고 살던 사람들이 지금 무엇을 하고 있는지 궁금하다.

부자들의 도덕적 의무가 더 큰 이유

우리나라 부자들 가운데 많은 수는 정부의 정책 덕분에 부를 축적했다. 강남 개발이라는 정부의 정책으로 인해 탄생한 강남 땅 부자들이 그렇다. 신도시가 개발되거나 고속도로가 개통하며 많은 이득을 본 사람들도 있다.

그렇다면 우리의 성공한 맏아들이 훗날 동생들에게 보상을 해야 할 도덕적 의무를 가지듯, 정부의 정책 덕분에 막대한 부를 모은 한국의 부자들도 자신들 대신 비용을 지불한 사람들에게 보상을 해야 할 도덕적 의무를 가져야 하는 것은 너무나도 당연한 일이 아닌가?

이것이 이 책에서 말하고자 하는 따뜻하고 정의로운 사회를 위한 한국 부자들의 도덕적 의무인 것이다.

그런데 부자들의 도덕적 의무는 기업들의 도덕적 의무와 같으면서도 다르다. 자신들을 대신해서 비용을 지불한 사람들에게 보상을 해야 할 도덕적 의무를 갖는다는 면에서는 부자들이나 기업들이나 별 차이가 없다. 그러나 '도덕적 의무'의 정도를 굳이 따지자면 부자들의 경우가 기업들보다 더 크다고 하는 게 여기서의 작은 결론이다. 강남이나 신도시 개발 등으로 부자가 된 사람들의 도덕적 의무가 돈이 더 많은 대기업들에 비해 크다는(커야 한다는) 것은 어째서일까?

기업들은 사회에 기여할 수 있는 다양한 방법들이 존재한다. 다른 기업보다 부가가치를 더 많이 창출함으로써 사회에 보답을 할 수 있는 길이 열려 있기 때문이다. 앞에서 설명한 바와 같이 기업은 소비자에게 더 많은 소비자잉여를 제공하고, 근로자에게 더 많은 임금을 지급하고, 원자재를 제공하는 기업에게 더 많은 대금을 지급하며, 이윤을 남김으로써 사회에 보답할 수 있다. 이는 성공한 맏아들이 의사로서 훌륭한 의술을 펼쳐 사회에 보답하는 것과 마찬가지다.

그러나 강남이나 신도시 개발 등으로 땅부자가 된 사람들은 기업들과 달리 사회적 가치를 창출해낼 수 없다. 부동산 가격이 상승한다 해도 이 자체는 사회적 가치 창출과 아무 연관이 없다. 부동산 가격이 아무리 상승하더라도 국민소득에 아무 변화가 나타나지 않는 것은 이 때문이다. 따라서 부자들이 사회에 보답하는 길은 '가진 것을 기부' 하는 방법밖에 없다. 이런 차원에서 강남이나 신도시 개발 등에 의해 부를 축적한 부자들의 사회적 · 도덕적 의무는 오히려 기업들보다 더 크다고 할 수 있는 것이다.

처음부터 거창한 기부를 해야 하는 것은 아니다. 앞에서 설명했듯 말년에 자선가로 변신한 록펠러도 처음에는 병든 소녀의 입원비를 내주는 데서 시작했다.

빈민들에게 담보 없이 소액대출을 해주는 그라민은행(Grameen Bank)을 설립해 2006년 노벨평화상을 수상한 방글라데시의 무하마드 유누스(Muhammad Junus)도 처음에는 비슷했다. 20여 달러 때문에 고리대금업자의 횡포에 시달리는 빈민들에게 소액의 돈을 빌려주는 데서 시작했던 게 그의 첫 프로젝트였다.[55]

부자 증세 필요한가?

최근 부자들이 내는 세금을 늘려야 한다는 주장이 대두되고 있다. 미국의 경우, 이자나 배당 등에 대한 세율이 낮아 부자들이 세금을 너무 적게 내고 있으므로 그에 대한 세율을 올려야 한다는 주장이 나오고 있다. 워런 버핏(Warren Buffett)이 주장하는 버핏세가 대표적인 예다. 이자나 배당 등의 소득이 많은 버핏 자신이 근로소득을 받는 자신의 비서보다 낮은 세율을 적용받는 것이 불합리하다는 것이다.

우리나라에서는 미국과 달리 이자나 배당 소득도 일정 금액을 넘으면 종합소득세를 내야 한다. 따라서 이자와 배당에 대한 세율을 올려야 한다는 주장은 거의 없다. 그 대신 소득세의 최고 세율을 올려야 한다는 목소리가 점점 더 커지고 있다. 연 소득이 1억 원인 사람과 100억 원인 사람이 동일한 세율을 부담하는 것은 타당하지 않다는 것이다. 또한 같은 맥락으로 법인세율을 더 인하하려는 움직임에 대한 반대의 목소리도 커지고 있다.

왜 이런 주장들이 최근에 와서 더 강해지고 있는 것일까?

지난 10년간 소득세율은 오히려 인하 추세를 보여 왔기에 더 의문이 들 것이다. 2001년 40%였던 최고 세율은 2005년 35%까지 낮아졌다. 2008년 최고 25%이던 법인세율은 2009년 22%로 낮아졌다.

세율을 낮추었을 때는 분명히 명분이 있었을 것이다. 세율을 낮추어 소비를 활성화하고, 일할 인센티브를 높이고, 기업들의 투자를 활성화하고자 하는 명분 등이 그것이다. 그렇다고 그사이에 경제학 이론이 바뀐 것도 아니다. 그런데 갑자기 세율인하 분위기가 인상 분위기로 역전된 것이다.

사실 세율인하 주장은 공리주의에 따른 것이라 할 수 있다. 공리주의에서는 사회 전체의 부(富)가 늘어나는 것이 중요하다. 그래서 세율을 낮추어 소비와 투자를 활성화하는 것이 중요할 수 있다.

반면, 세율인상 주장은 롤스의 기준과 관련이 있다. 롤스의 기준에 따르면, 최고 세율을 더 높이는 것이 바람직하다. 적어도 중단기적으로 세수의 증가를 통해 서민층 복지 혜택을 늘릴 수 있고, 가난한 사람들을 돕는 정책이야말로 바람직한 정책이기 때문이다.

세율인상으로의 분위기 전환은 1997년 외환위기 이후에 심화된 소득 간 격차, 중산층의 몰락, 청년실업의 증가 등이 우리 사회가 부자들에 대해 더 많은 것을 요구하게 만들기 때문이라 할 수 있다.

아니면 재벌과 부자들이 자신들의 도덕적 의무를 다하지 않는데에 대한 반작용일 수도 있다. 자신들의 도덕적 의무를 다하지 않는 '이기적 유전자'들에 대한 반감 말이다. 리처드 도킨스 (Richard Dawkins)가 말하는 '이기적 유전자'[56]들만이 살아남는 그런 사회가 정의롭다고 생각하는 사람들은 많지 않을 것이다. 그래서 세율인상 주장은 '이기적 유전자'들이 더 잘사는 것을 막기 위해 강제적으로 세금을 높일 필요가 있다는 것으로 들린다. 부자들의 반성이 필요한 이유다.

적극적 노블레스 오블리주

대중의 인기를 한몸에 받는 인기 연예인과 스포츠 스타들 그리고 자수성가한 사람들. 이들의 경우는 '성공한 맏아들'과 비교해 보았을 때 무엇이 비슷하고, 무엇이 다른지 생각해보자.

요즘 TV에서 쉽게 오디션 프로그램을 볼 수 있다. 가수, 밴드, 탤런트, 아나운서 등 그 종류도 갖가지인데 '스타'가 되기 위해 수많은 젊은이들이 오디션에 지원한다. 그들이 그토록 스타가 되기 원하는 여러 이유 중에는 일반인은 꿈도 꾸지 못할 천문학적 몸값이 있다. 스타급 운동선수들의 연봉도 마찬가지다. 특히 해외에 진출한 일부 프로선수들의 연봉은 놀라움 그 자체다. 유명 운동선수들은 광고 등 부수적인 활동으로도 많은 돈을 번다.

피나는 노력과 훈련으로 현재의 성공을 이룬 그들을 보면, 그들이 남들보다 특별한 혜택을 받거나 다른 사람들에게 피해를 준 일이 없으므로(즉, 자기 혼자 고생해서 이룬 것이므로) 적어도 특혜를

받은 기업이나 부자들에게 주어진 도덕적 의무로부터는 자유로울
수 있다고 생각할 수 있다.

그러나 사실은 다르다. 정부로부터 받은 특혜는 없을지 모르지만
태어날 때부터 갖춘 남들보다 훌륭하고 개성 있는 외모와 끼, 체격
조건 등이 그들이 받은 특혜다. 대중들이 연예인 및 스포츠 스타들
에게 열광하는 이유는, 그들이 갖춘 능력이 누구나 다 가진 것이 아
니기 때문이다.

인기 연예인과 스포츠 스타가 아니라도 자수성가한 사람들은 많
다. 혼자의 노력으로 사법고시에 합격해 유명 로펌에서 많은 연봉
을 받는 변호사가 된 사람, 여러 금융 관련 자격증을 독학으로 따서
치열한 경쟁을 뚫고 펀드매니저가 된 사람, 창의적 사고와 깊이 있
는 사색을 바탕으로 베스트셀러 작가가 된 사람들도 있다.

이러한 사람들의 성공도 그들이 특별한 능력을 가졌기 때문에 가
능했을 것이다. 예를 들어 어떤 사람은 지적인 능력이 뛰어나 성공
했을 수 있다. 논리적 사고력이 뛰어나거나, 수학적 능력이 뛰어나
거나, 대단한 기억력을 갖고 있는 등 지적인 능력에도 여러 가지가
있다.

모 대학에는 명강의로 유명한 교수가 있다. 그는 강의 시간에 분
필 하나만 들고 다닌다. 그 두꺼운 전공교과서 몇 페이지 몇 째 줄에
어떤 내용이 있는지 완벽히 기억하고 있기 때문이다(반면 어떤 교
수는 나처럼 강의 내용을 좀처럼 기억하지 못해 두꺼운 노트를 항
상 들고 다닌다. 심지어 잊어버릴까봐 농담까지도 적어가지고 다닌
다. 그나마 요즘은 손가락보다 작은 USB만 들고 다니면 되니, 기억

력 안 좋은 사람에게는 참으로 좋은 세상이다). 어떤 사람은 감성이 뛰어나고, 어떤 사람은 미래를 내다보는 통찰력이 뛰어나고, 또 어떤 사람은 에너지가 넘쳐 성공했을 것이다.

그런데 이러한 능력들은 누구에게나 있는 것이 아니다. 따라서 소수만이 선택받은 능력으로 성공한 사람은 자신에게 그러한 능력이 주어진 것에 감사해야 한다. 그 대상이 부모든 신이든 자연이든, 그 밖의 무엇이든 말이다. 그리고 성공에 대한 감사에서 그치면 안 된다. 그와 같은 능력을 받지 못해 성공으로부터 소외된 다른 사람들과 성공의 열매를 나누어야 한다. 이것이 능력을 타고 나서 성공한 사람들의 도덕적 의무, 즉 노블레스 오블리주(noblesse oblige)다. 비록 다른 사람들의 희생 위에서 성공한 것은 아니지만 '능력'을 타고나 성공한 사람들도 특혜를 받았다는 점에서는 가난한 집안의 '성공한 맏아들'과 유사한 '도덕적 의무'를 갖기 때문이다.

일반적인 노블레스 오블리주는 잘 알려져 있듯이 사회 고위층이거나 부자이기 때문에 가져야 하는 높은 도덕적 의무다. 오히려 일반적인 연대 의무에 가깝다. 그러나 여기서의 노블레스 오블리주는 조금 다르다. 단순히 많이 가졌기 때문이 아니다. 다른 사람이 가지지 못한 능력을 타고나서 성공했기 때문이다. 다시 말해 내가 성공한 것은 '다른 사람에게는 그러한 능력이 주어지지 않았기 때문에' 그러한 특혜를 받지 못한 사람들에게 내가 가진 것을 나누어야 한다는 의미의 '적극적 노블레스 오블리주'인 것이다.[57]

대한민국의
도덕적 의무

한국경제 성장의 암묵적 비용

한국경제는 지난 수십 년 동안 놀라운 성장을 이루어냈다. 그런데 이 성장이 '우리의 힘만으로 이룬 것'이라고 할 수 있을까? 우리 경제의 성장으로 인해 암묵적인 피해를 입은 사람들은 없었을까?

한국경제가 놀라운 성장을 할 수 있었던 데는 여러 가지 요인이 있다. 그 가운데 하나가 자본주의와 공산주의 이데올로기의 대결이었다. 한국은 자본주의와 공산주의가 부딪치는 최전선에 있었다. 중국이 공산화된 이후 공산주의의 확산을 막기 위한 최후 저지선이 한국이었다. 한국이 무너지면 일본이 다시 무장할 수 있다는 우려도 있었다. 그리하여 미국을 비롯한 선진국들은 한국경제가 성장하도록 여러 면에서 도움을 주었다. 한국과 한국인을 사랑해서가 아니라 그네들 자신을 위한 측면이 더 강했던 것이다.

선진국의 도움 가운데는 경제 원조, 차관 제공, 기술 지원 및 노하우의 전수도 있었다. 광복 이후 지난 50년 간 한국이 선진국으로부터 지원받은 공적개발원조(official development assistant: ODA) 금액은 120억 달러에 달했다. 이 가운데 약 55%는 무상으로 제공된 것이었다.[58] 물론 한국을 지원하는 과정에서 선진국도 많은 이득을 얻었을 수 있지만, 한국이 커다란 도움을 받은 것은 사실이다.

선진국들은 한국이 아니라 다른 개발도상국을 지원할 수도 있었지만 한국을 지원했다. 그 선택 덕분에 한국은 지원을 받았고, 지원을 받지 못한 다른 국가는 사실상 피해를 입은 셈이다. 한국을 위해 다른 개도국이 암묵적인 비용을 지불한 것이다.

그렇다면 '성공한 맏아들'이 암묵적으로 비용을 지불한 동생들을 도와야 하듯이, 기적과 같은 성공을 이룬 한국 역시 암묵적으로 비용을 지불한 다른 개도국들을 도와야 하지 않을까?[59]

물론 개도국을 돕는 데에는 기회비용이 있다. 개도국을 돕는 대신 국내의 어려운 사람들을 도울 수도 있고, 국내의 어려운 기업들을 도울 수도 있다. 경제적 자원은 한정되어 있고, 도움의 손길을 필요로 하는 곳은 많다. 따라서 개도국을 지원하면 그만큼 국내의 어려운 사람을 돕지 못하고, 어려운 기업들도 도울 수 없다.

그렇더라도 개도국에 대한 지원을 늦추어서는 안 된다. 개도국을 돕는 것은 한국의 도덕적 의무이기 때문이다. 그것도 단순한 연대 의무 이상의 도덕적 의무인 것이다.

혜택을 받지 못한 '동생' —개도국의 현실

지구상에는 못사는 국가도 많고, 못사는 사람들도 많다. 전 세계적으로 하루 2달러 미만의 생활비로 살아가는 인구가 약 40억 명에 달한다.[60] 이는 세계 총인구의 약 60%에 달하는 수치다. 1인당 국내총생산이 500달러도 안 되는 국가—브룬디, 에티오피아, 마다카스카르, 니제르 등등—도 많다.

10억 명의 사람들이 안전한 식수를 접하지 못한 채 살아가고 있으며, 1억 6,800만 명은 영양실조로 고통 받고 있다. 개도국에서는 매년 920만 명의 어린이들이 폐렴, 설사병, 홍역, 말라리아, 영양실조 등으로 사망한다.[61]

아프리카, 특히 사하라 이남의 상황은 더 나쁘다. 사막화가 급격히 진행되면서 물 부족이 심해져 사람들은 물론 동물들까지

고통을 받고 있다. 세계생태기금(Universal Ecological Fund)은 2025년까지 아프리카 대륙 경작지의 70%가 사라질 것이라는 비관적인 전망을 내놓았다.[62] 20년 뒤면 킬리만자로의 아름다운 만년설마저 없어질 것이라고 한다. 이 와중에 콩고, 르완다, 소말리아 등 수많은 국가들은 심지어 장기적인 내전으로 이중고를 겪고 있다.

아프리카 지역뿐이 아니다. 얼마 전 진흙 쿠키를 먹는 아이티 어린이가 TV에 나온 적이 있다. 맛을 내기 위해 버터와 소금을 약간 넣기는 했지만 진흙으로 반죽하고 구워 만든, 먹을 수 없는 쿠키였다. 하지만 배가 고픈 아이들이 먹을 것은 그것뿐이었다. 엎친 데 덮친 격으로 2010년 1월, 수도 포르토프랭스(Port-au-Prince)에 규모 7.0의 강진이 일어났다. 이로 인해 대통령궁을 포함한 대부분의 건물이 무너지고, 최소 23만 명이 숨진 것으로 알려졌다. 그 후 콜레라도 창궐했다. 지금도 포르토프랭스에는 무너진 건물 잔해가 방치되어 있고, 수많은 난민들은 도심지 곳곳의 캠프촌에서 어려운 삶을 살고 있다.[63]

브릭스(BRICs)[64] 국가 가운데 하나로 주목받고 있는 인도. 그러나 인도에 가보면 수많은 사람들이 무척이나 빈곤한 삶을 살고 있음을 피부로 느낄 수 있다. 움막이건 뭐건, 집 비슷한 것도 없이 사는 노숙 인구가 8천만 명에 달한다. 이는 한반도 전체 인구보다도 많은 숫자다.

우리가 갚아야 할 빚

사정이 이러할진대, 남들의 부러움을 한몸에 받을 정도로 성장한 한국이 그 성장의 열매를 개도국과 나누는 것은 당연한 일이다. 과거 원조를 받기만 했던 한국은 이제는 원조를 제공하는 국가가 되었다. 그동안 원조 규모를 늘리고 효율성을 높이기 위한 우리 정부의 노력도 인정받아 한국은 2009년 11월 OECD 산하 DAC(Devel-opment Assistance Committee: 개발원조위원회) 회원국이 되었다.[65]

그러나 한국 정부가 개도국에 제공하고 있는 공적개발원조(ODA)는 2010년을 기준으로 국민총소득(GNI)의 0.1% 수준이다. UN의 권고기준인 0.7%는 물론 DAC 회원국 평균인 0.31%보다도 크게 낮은 수치다. 이에 따라 정부도 'ODA를 2015년까지 국민총소득의 0.25%까지 높인다' 는 계획을 밝혔다. 또 개도국에 대한 원조를 효과적으로 추진하기 위해 2010년 1월 국제개발협력기본법을 제정하고, ODA 추진 체계도 정비했다.[66]

아직까지 개도국에 대한 원조를 개도국을 위하는 차원이 아니라 한국의 국익 차원에서 해석하고 접근하려는 사람들이 많다. 아마도 개도국에 대한 한국의 도덕적 의무를 망각했거나 모르고 있는 사람들일 것이다.

물론 개도국에 대한 지원이 정부 차원의 지원만 있는 것은 아

니다. 일반인들이 할 수 있는 부분도 많다. 개도국을 돕는 데에
는 다양한 방법이 있다.

앞에서 설명한 것처럼 서독의 에르하르트 총리의 충고는 박정
희 대통령을 움직여 우리나라에 고속도로를 건설하는 데 커다란
도움이 되었다. 이와 같이 국가의 발전 전략과 노하우 전수는 단
순한 금전적 지원보다 더 중요할 수 있다.

최빈국에서 시작해 짧은 시간에 선진국까지 도달한 지구상의
유일한 국가인 한국의 경제발전 경험은 개발도상국 국민들에게
중요한 교훈이 될 수 있다. 고속도로, 항만, 공항을 어떻게 건설
하는지에 대한 노하우, 기업의 거버넌스(지배구조)에 대한 노하
우, 조직 내 갈등을 해결하는 노하우 등 전수할 것도 종류별로
한두 가지가 아니다. 한국 기업들의 개도국 진출이 (국내의 일자리
를 감소시키는 면이 없지 않지만) 개도국의 발전에 커다란 도움이 되
는 이유다.

현재 우리 사회에서 고령화 문제가 심각하게 대두되고 있다.
그런데 은퇴한 이들 가운데 경제발전 계획의 수립과 이행, 사회
간접자본의 건설, 기업의 운영 등에 많은 경험과 이론을 겸비한
이들이 많다. 이들이 개도국의 발전에 도움이 될 수 있음은 물론
이다.

젊은이들도 눈을 밖으로 돌릴 필요가 있다. 많은 개도국이 도
움을 필요로 한다. 평화봉사단도 좋고 자원봉사도 좋다. 심지어

취업도 가능하다. 개도국에 가면 할 일은 얼마든지 많다. 우물도 파고, 집도 짓고, 공부도 가르치고……. 남을 돕는 일 같지만 사실은 많은 것을 배워올 수 있는 좋은 기회다.

최근 일본의 젊은이들은 외국에 나가기를 꺼려 한다고 한다. 국내에서만 머무는 것이다. 실제로도 유럽 거리를 거니는 일본 관광객을 보면 나이가 지긋한 분들이 대부분이다. 일본의 앞날을 생각하면 바람직하지 않은 현실이다.

어느 국가도 모든 부분에서 1등일 수 없다. 그렇다면 앞선 나라를 배워야 한다. 또한 개도국에도 가봐야 한다. 자신의 도덕적 의무가 무엇인지 깨달아야 하고, 삶의 다양한 가치관도 배워야 한다. 도덕적 의무와 삶의 다양한 가치관을 깨닫지 못하면 어떤 인생을 살더라도 성공한 인생이라 할 수 없다.

얼마 전 TV에서 '울지마 톤즈'의 이태석 신부에 관한 프로그램이 방영된 적 있다. 이태석 신부는 우리에게 인생의 의미를 다시 한 번 생각해보게 만들어주는 분이다. 물론 우리 모두가 그처럼 될 수는 없다. 우리 모두가 개도국에 가야 하거나 갈 수 있는 것도 아니다.

그러나 개도국에 가지 않더라도 할 수 있는 일이 많다. 개인적인 기부가 그것이다. 유니세프(UNICEF)도 있고, 월드비전(World Vision)도 있고, 다른 기관들도 많다. 5만 원이면 중증 영양실조로 생명이 위험한 어린이 30명에게 치료식인 플럼피넛 3회분을 줄 수 있다. 매월 2만 원씩 1년이면 영양실조에 걸린 어린이 120명에게 하루 세 번 고단백 영양식을 먹일 수 있다. 매월 3만 원씩 1년이면 비타민 결핍으로 실명하는 어린이 4,300명에게 예방용 비타민을 1년간 제공할 수 있다. 매월 5만 원씩 1년이면 식수 부족으로 고통을 받는 오지마을에 수동펌프가 달린 우물 3개를 설치할 수 있다.[67]

우리들에게 주어진 도덕적 의무를 분명히 깨닫는다면 이를 위해 할 수 있는 일은 얼마든지 더 있다. 그중 하나로 공정무역을 들 수 있다.

개도국에서 선진국으로 수출되는 상품이 '공정한' 가격을 지불받도록 선진국 등이 중심이 되어 유도하는 사회운동이 공정무역(fair trade) 운동이다. 이는 기존의 국제무역 체계로는 세계의 가난을 해결하는 데 한계가 있다는 인식 아래 시작되었다. 개도국의 생산자가 만든 환경친화적 상품을 공정한 가격으로 구입함으로써 개도국의 가난 극복에 도움을 주고자 하는 구체적인 목적을 가지고 있다.[68]

공정무역 상품은 커피, 코코아, 바나나, 목화 등 농산물이 중심이 되고 있다. 이 가운데 대표적인 것이 커피다. 1988년 커피의 공급이 수요를 초과하면서 커피 가격이 급락하자 네덜란드에서는 생산 농가를 위해 공정한 가격에 커피를 구입하는 막스 하벌라르(Max Havelaar)라는 단체가 결성됐다. 이 단체가 벌인 커피

구매운동이 공정무역 커피의 효시로 평가 받는다. 공정무역 커피는 다국적기업이 갖춰놓은 커피 생산 및 유통구조를 거부하고, 개도국 커피 생산 농가와의 직거래를 통해 적정한 소득을 보전해준다.[69]

공정무역 상품 가격은 조금 비쌀 수 있다. 그러나 개도국에 대한 우리들의 도덕적 의무를 실행에 옮기는 작은 실천이기에 가벼운 마음으로 지갑을 열 수 있는 것이다.

8

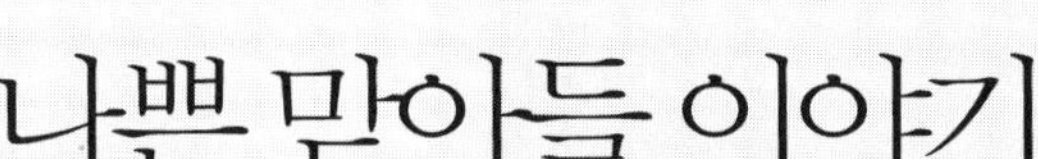

나쁜 맏아들 이야기

성공한 사람들 가운데는 고의든 아니든 다른 사람들에게 피해를
주면서 성공한 사람들도 있다. 이들은 누구에게 어떠한 도덕적
의무가 있을까?

　그 답을 구하기 위해 우리의 맏아들을 다시 이야기의 중심에
초대해보겠다. 지금까지와는 조금 다른 맏아들, 이른바 '나쁜 맏
아들'이다.

나쁜 맏아들 이야기

"세 명의 자녀를 둔 가난한 부모가 갑자기 세상을 떠났다. 세 자

녀는 부모가 남겨준 유산을 공평하게 물려받았다. 그런데 얼마 뒤, 나이가 많은 맏아들은 아직 어린 막내동생을 협박해 그의 유산을 모두 가져갔다. 나쁜 맏아들은 그 돈으로 사업을 해서 크게 성공했다. 유산을 빼앗긴 셋째는 지금까지도 어렵게 살고 있다."

이 경우 나쁜 맏아들은 막내에게 얼마만큼의 피해를 입힌 것일까?

나쁜 맏아들은 장차 막내에게 얼마만큼의 보상을 해야 할까?

계산의 편의를 위해 다음과 같은 상황을 가정하겠다.

"맏아들이 빼앗은 막내의 재산은 1억 원이다. 막내의 유산을 빼앗은 맏아들은 그 돈으로 사업을 해서 50억 원을 벌었다. 반면 유산을 빼앗긴 막내는 현재 재산이 3억 원밖에 되지 않는다. 만약 막내가 맏형에게 1억 원을 빼앗기지 않았다면 막내는 그 돈을 바탕으로 30억 원의 재산을 모았을 것이다."

이 수치들은 '성공한 맏아들 이야기'에서와 같다. 따라서 나쁜 맏아들이 막내에게 도덕적으로 보상해야 할 금액도 앞에서와 마찬가지로 27억 원이 된다. 보상해야 하는 금액 면에서는 '성공한 맏아들'이나 '나쁜 맏아들'이나 마찬가지가 되는 셈이다.

나쁜 맏아들이 막내에게서 실제로 빼앗은 금액이 1억 원이므로 법적으로는 1억 원만 갚으면 될지 모른다. 그러나 도덕적으로는 이보다 훨씬 큰 금액을 보상해야 하는 것이다. '성공한 맏아들'이 부모로부터 받은 대학등록금보다 더 큰 금액을 동생들에게 보상해야 하는 것과 같다.

그렇다면 '나쁜 맏아들 이야기'와 '성공한 맏아들 이야기'는 어떻게 다를까?

첫째, 여기서 나쁜 맏아들이 막내에게 입힌 피해는 앞에서와 같은 암묵적인 피해만이 아니다. 실제로 입힌 피해도 있다. 다른 사람이 얻을 수 있었던 기회를 뺏을 뿐만이 아니라 재산을 강제로 빼앗음으로 말미암아 실제적인 피해를 준 것이다. 그것도 폭력적인 방법으로 빼앗은 것이다. 이러한 차원에서 보면 나쁜 맏아들의 행동은 행위의 부당성 및 불법성마저 가지고 있다.

둘째, 나쁜 맏아들은 모든 동생들에게 피해를 입힌 것이 아니라 막내에게만 입혔다. 따라서 보상도 막내에게 해야 한다.

물론 나쁜 맏아들이 막내에게 보상을 할 리는 없으리라. 보상을 할 사람이면 막내가 받은 유산을 애초에 빼앗지도 않았을 것이다. 록펠러처럼 사람이 변하는 경우는 드물다.

그렇다고 맏아들의 도덕적 의무가 없어지는 것은 아니다. 그리고 맏아들의 후손들의 도덕적 의무도 없어지는 것이 아니다. 부모의 유산을 물려받았으면 부모의 도덕적 의무도 물려받아야 한다. 이는 법적으로 유산을 상속 받으려면 빚도 함께 상속을 받아야 하는 것과 유사하다. 만약 부모가 피해를 입힌 사람들에게 보상을 하지 않았다면 자녀들이라도 보상을 하는 것이 마땅하다. 부모가 잘못된 방법으로 얻은 부를 자녀들이 그대로 누리는 것은 타당하지 않다.

선진국들의 씻을 수 없는 과거

선진국들의 근현대사를 살펴보면 사실상 많은 선진국들이 과거에 다른 국가들과 그곳 국민들에게 엄청난 규모의 '실제적이고 직접적인 피해를 주면서' 발전한 역사를 갖고 있다. 식민지를 수탈하면서 얻은 이득은 실제적이고 직접적인 만큼 효율성이 높았고, 그러한 이득은 그들 나라가 선진국으로 발돋움하는 데 중요한 기반이 되었다. 심지어 식민지를 쟁탈하기 위해 수많은 전쟁을 벌이기도 했다. 영국을 예로 들어, 다음과 같은 문제를 풀어보자.

다음 국가들 가운데 영국의 식민지였던 국가는?

1. 미국 2. 캐나다 3. 호주 4. 뉴질랜드 5. 아일랜드 6. 파키스탄 7. 스리랑카 8. 인도 9. 미얀마 10. 말레이시아 11. 브루나이 12. 홍콩 13. 몰디브 14. 싱가포르 15. 오만 16. 남예멘 17. 아프가니스탄 18. 바레인 19. 요르단 20. 이스라엘 21. 카타르 22. 피지 23. 쿠웨이트 24. 자메이카 25. 버뮤다 26. 지브롤터 27. 바하마 28. 세인트키츠네비스 29. 트리니다드토바고 30. 몰

타 31. 세인트루이스 32. 모리셔스 33. 포클랜드 34. 바베이도스 35. 벨리
즈 36. 세인트빈센트그레나딘 37. 서사모아 38. 그레나다 39. 키리바시
40. 도미니카 41. 솔로몬제도 42. 앤티가바부다 43. 세이셸 44. 파푸아뉴
기니 45. 스와질란드 46. 사이프러스 47. 가이아나 48. 소말리아 49. 이집
트 50. 수단 51. 레소토 52. 우간다 53. 말라위 54. 시에라리온 55. 통가
56. 가나 57. 감비아 58. 남아공 59. 보츠와나 60. 나이지리아 61. 비누아
투 62. 탄자니아 63. 케냐 64. 짐바브웨 65. 잠비아

정답은 '모두 다'이다. 위에서 열거한 모든 국가는 적어도 한
때 영국의 식민지였다. 물론 식민지를 영국령을 포함해 조금 넓
은 의미로 해석할 경우다.[70] 놀라울 만큼 수많은 식민지를 거느
리며 영국은 강대국으로 성장할 수 있었다.

영국이 가장 대표적인 예지만 영국만 그러했던 것은 아니다.
프랑스, 스페인, 포르투갈, 네덜란드, 독일, 이탈리아, 일본도 그
랬다.

미국의 경우, 식민지는 필리핀 등 몇 개 국가에 불과했지만 또
다른 부류의 사람들에게 피해를 주면서 부를 축적했다. 수많은
흑인노예의 노동력을 착취하며 발전했던 것이다. 19세기까지 아
프리카에서 미국으로 팔려간 노예의 숫자는 수백만 명에 달했다.

살아서 미국으로 간 노예들은 그마나 다행이었다. 더 많은 노
예들이 미국으로 끌려가는 과정에서 너무도 쉽게 목숨을 잃었
다. 노예로 팔려간 흑인들만 피해를 입었던 것이 아니다. 아프리

카에 남겨진 가족들의 고통도 이에 못지않았다. 초창기 미국 역시 수많은 사람들의 피와 눈물을 자양분 삼아 선진국으로 발전했던 것이다.

식민지를 이용해 개인적으로 막대한 부를 모은 사람들도 많았다. 스페인의 피사로(Francisco Pizarro)가 1532년 잉카제국의 왕을 죽이고 잉카제국을 멸망시키면서 금 5톤을 약탈했던 사건은 유명하다.

16세기 남미 최대의 은광이었던 볼리비아의 포토시(Potosi) 광산의 은도 대부분 외국으로 반출되었다. 정복자들은 채굴을 위해 원주민에게 살인적인 강제노동을 시켰고 그렇게 채굴된 은을 가로챘다. 잡혀온 원주민들은 코카인 잎을 씹어 가며 강제노역에 시달렸고 이 과정에서 많은 이들이 목숨을 잃었다. 얼마나 많은 은이 채굴되었는지 높이 4,824m였던 포토시 산(山)은 현재 4,060m로 낮아졌다.

영국의 동인도회사는 식민자원의 착취와 독점무역을 통해 많은 돈을 벌었다. 심지어 아편을 거래해 큰돈을 벌기도 했다. 많은 사람들이 마약에 중독되었고, 이 때문에 중국과 아편전쟁을 벌였다. 동인도회사는 상업자본의 축적을 통해 영국의 산업혁명에 일조했고, 그 결과 많은 자본가가 탄생했다.

남의 이야기만이 아니다. 일제 말기, 많은 한국인들이 일본 군수공장에 끌려가 강제노동을 했다. 일본 기업들은 이를 통해 엄청난 돈을 벌었다. 또 현재 일본에는 일제가 수탈한 국보급 한국 문화재들이 많다. 이는 문화재를 수탈해 돈을 번 일본인들이 많이 있음을 의미한다. 이들 모두 폭력적인 방법으로 다른 사람들에게 실제적인 피해를 주었다는 점에서 막내의 유산을 강제로 빼앗은 맏아들과 비슷한 존재들이었다.

식민지 시대에 많은 돈을 번 사람들의 후손들은 물려받은 유산을 통해 지금까지 혜택을 누리고 있다. 물론 그 가운데는 조상들과 자신이 열심히 일해서 얻은 것도 있다. 그러나 지금 그들이 누리고 있는 것 가운데는 과거 다른 국가들에게 실제적인 피해를 주면서 얻은 것들이 분명히 있다.

일본은 1965년 체결된 한일협정에 의거해 한국에 5억 달러의 자금을 제공함으로써 한국과 한국민에 대한 배상 의무가 모두 사라졌다고 주장한다. 그러한 주장이 법적으로 얼마나 타당한지 경제학자인 나는 잘 모른다.

그러나 한 가지 확실한 것은 한일협정이 어떠한 내용을 담고 있건 식민 지배로 인해 피해를 입은 한국과 한국민에 대해 일본과 일본 국민이 보상해야 할 도덕적 의무가 사라지지는 않는다는 점이다. 그리고 또 하나 확실한 것은 일본이 보상해야 할 금액은 한국에게 실제적으로 입힌 피해 금액보다 훨씬 큰 금액이어야 한다는 사실이다.

세계적 기업들의 뒷모습

재벌(財閥)이라는 단어가 가장 먼저 사용된 곳은 일본이었다. 2차 대전 이전 일본의 재벌(자이바쯔)은 현재 한국의 재벌과 유사했다. 문어발식 계열사 보유, 족벌 경영, 계열사 간 지분 보유를 통한 지배권 확보 등이 일반적인 형태였다. 다만 미쓰비시(三菱), 미쓰이(三井), 스미토모(住友) 등으로 대표되는 재벌들은 은행을 포함해 그룹을 형성했다는 점에서 현재의 한국 재벌들보다 은행이라는 더 강력한 경쟁무기를 가지고 있었다(우리나라 재벌은 은행을 계열사로 가질 수 없다).

19세기 후반부터 등장하기 시작한 이들 재벌들은 군벌(軍閥)과 함께 2차 대전을 일으켰고 각종 무기와 군수품의 개발, 생산을 통해 크게 성장했다. 예를 들어 가미카제 특공대의 비행기 '제로센' 은 미쓰비시그룹의 미쓰비시중공업에서 생산되었다. 일본의 재벌기업이 전쟁을 통해 수많은 사람들에게 피해를 준 것이다.

물론 이 때문에 일본의 재벌은 2차 대전 이후 커다란 변화를 겪었다. 연합군 총사령부가 전쟁을 주도한 책임을 재벌들에게 물어 '재벌 해체'를 실시했기 때문이다. 총사령부는 재벌의 지주회사를 해체하고, 재벌 가족의 재산을 처분하고, 재벌 가족을 재벌의 경영으로부터 배제시키고, 지주회사가 가지고 있는 유가증권을 처분하는 등의 조치를 취했다.

그럼에도 불구하고 일본 재벌의 흔적은 아직까지 여기저기 남아 있다. 다만 현재 일본의 재벌은 이전의 재벌과 성격이 다르다는 점에서 게이레츠(系列)라 불린다. 주식의 소유가 분산되었고, 그룹의 규모도 작아졌다. 그러나 미쓰비시, 미쓰이, 스미토모의 이름을 그대로 사용하는 그룹들이 여전히 존재한다. 이들 가운데 일부는 분화되어 또 다른 그룹을 이루었다. 도요타(豊田), 도시바(東芝), 히타치(日立) 등이 그 예다. 일본의 재벌이 사실상 해체되었다고 하지만 주요 기업들은 아직도 그대로 남아 선진 기업으로서의 지위를 누리고 있는 것이다.

재벌의 형태는 일본에서만 볼 수 있는 현상은 아니었다. 18세기 프랑스에서는 방델(Wendell) 가문의 철강재벌이 탄생했고, 영국에서는 로스차일드 가문의 금융재벌이 탄생했다. 미국에서도 19세기 들어 다양한 계열사를 거느린 모건(Morgan), 멜론(Mellon), 록펠러(Rockefeller) 등 그룹들이 탄생했다.

이들 가운데 많은 수는 무자비한 기업인수 및 확장, 기업 간 담합, 밀수, 주가 조작 등 다양하고 노골적인 방법을 통해 그룹의 규모를 키웠다. 로스차일드 가문이 워털루전투(Battle of Waterloo)를 통해 많은 돈을 번 것은 잘 알려진 사실이다. 승전보를 먼저 접한 로스차일드는 영국이 패전했다는 거짓 소문을 내서 영국국채 가격을 하락시킨 후 되사들이는 방법으로 큰돈을 벌었다. 멜론그룹의 코퍼즈(Koppers) 사는 돈을 벌기 위해 심지어 독가스 생산까지 했다. 앞에서도 설명했듯이 젊은 시절 록펠러는 다른 기업을 짓밟고 담합을 일삼는 무자비한 독점자본가로서 악명이 높았다.[71]

이들 기업에 대한 국민들의 반감은 점점 극에 달하게 되었고, 급기야 이들을 규제하기 위한 법, 즉 독점금지법이 도입되기에 이르렀다. 1890년 제정된 미국의 셔먼법(Sherman Act)은 기업들의 담합을 금지하고, 독점화를 금지했다. 1914년에 제정된 FTC법(Federal Trade Commission Act)과 클레이튼법(Clayton Act)은 불공정한 경쟁행위, 경쟁을 제한하는 가격차별, 독점을 창출하는 기업결합 등도 금지했다. 이러한 법의 제정에 따라 미국 정유 시설의 90% 이상을 차지하던 록펠러의 스탠더드오일(Standard Oil)은 33개 회사로 분할·해체되었으며, 아메리칸토바고(American Tobacco)도 16개 회사로 분할되었다.

독일, 영국 등 다른 선진국들도 독과점을 규제하기 위해 20세기 들어 차례대로 독점금지법을 도입했다. 재벌을 규제하기 위한 다른 법들도 도입되었다. 재벌(산업자본)이 은행을 소유하지 못하도록 한 미국의 은행법이 대표적인 예다.

그러나 독점금지법이나 은행법과 같은 규제가 그와 같은 기업들의 잘못을 덮어주지는 않는다. 그들에게 면죄부를 주는 것도 아니다. 다만 앞으로 잘못을 하지 못하도록 규제를 하고 있을 뿐이다.

결국 이들 기업들도 과거에 다른 사람들에게 많은 피해, 그것도 실제적이고 직접적인 피해를 주었다는 점에서 그 피해를 보상해야 할 도덕적 의무를 가진다. 그리고 그 보상 금액은 자신들이 입힌 피해 금액보다 훨씬 더 큰 금액이어야 한다. 나쁜 맏아들이 막내에게 보상해야 하는 금액이 막내로부터 뺏은 금액보다 훨씬 커야 하는 것과 마찬가지다.

'반칙'으로 얻은 이익

작은 체육대회가 열렸다. 경기 가운데는 주사위를 던져 나오는 숫자만큼 빙빙 돈 후 돌아오는 게임이 있었다. 경기 도중 어떤 팀은 주사위를 제대로 던지지 않고 살짝만 건드려 유리한 숫자가 나오도록 했다. 그리고 그 팀은 경기에서 이겼다. 다른 팀이

잠시나마 승리의 기쁨을 누리는 것을 부당하게 빼앗았던 것이다
(부끄럽게도 그런 반칙을 한 사람은 바로 나였다).

대부분의 사람들이 적어도 한두 번쯤 그런 반칙을 했을 것이
다. 새치기를 하고, 시험에서 부정행위를 하고, 촌지를 건네기도
했을 것이다. 그러나 이와 같은 편법적인 방법을 통해 막대한 이
득을 얻은 사람들도 있다. 어떤 경우에는 심지어 불법적인 방법
으로 막대한 이득을 얻은 경우도 있다. 개발 정보를 빼내 땅 투
기를 하고, 부정한 방법으로 유명 대학에 들어가고, 뇌물을 주고
정부로부터 특혜를 받고, 뇌물을 주고 대형 공사를 수주하고, 부
당하거나 불공정한 방법으로 이득을 얻기도 했다. 다른 사람들
에게 실제적 피해를 주면서 이득을 얻은 것이다.

안톤 오노(Anton Ohno). 그는 2002년 솔트레이크(Salt Lake) 동
계올림픽 쇼트트랙 경기에서 한국의 김동성 선수가 마치 자신을
밀친 것처럼 할리우드 액션을 한 선수다. 미국에서 치러진 올림
픽이었던 만큼 심판들은 그의 편을 들었다. 그리고 먼저 결승선
에 들어온 김동성 선수에게는 억울하게 실격이 선언되었다. 결
국 오노 선수는 쇼트트랙 1,500m 금메달을 땄고 미국의 영웅으
로 떠오르면서 커다란 이득을 얻었다. 반면 김동성 선수는 분루
를 삼켜야만 했고, 다시는 올림픽 무대를 밟지 못하고 은퇴를 해
야만 했다.

미국 텍사스에 기반을 둔 사모펀드[72] 가운데 하나인 론스타

(Lone Star). 론스타는 1997년 외환위기 이후 한국에서 많은 돈을 벌었다. 한 예로 론스타는 2003년 극동건설을 1,700억 원에 인수한 후 2007년 6,600억 원에 팔면서 4,900억 원의 매각차익을 거두었다.[73] 그러면서 론스타는 세금을 한 푼도 내지 않았다. 주식매매 차익에 대해 과세하지 않도록 한 한국·벨기에 간 조세협약을 이용했기 때문이다. 이를 위해 벨기에에 있는 자회사를 통한 편법적인 거래를 했다.

2003년 10월에는 한국외환은행도 인수했다. 그러나 론스타는 은행의 대주주로서 자격이 없다는 비판을 받아 왔다. 그중 하나는 론스타가 산업자본이기 때문에 은행의 대주주가 될 수 없다는 것이다.[74] 론스타가 일본에 갖고 있는 골프장의 가치를 포함하면 은행법에 따라 산업자본이 되는데, 산업자본은 은행을 소유할 수 없다.[75] 만약 그와 같은 주장이 사실이라면 론스타는 불법적인 방법으로 한국외환은행을 인수함으로써 막대한 부당이익을 거두고 있는 셈이다.

국내의 상장기업인 K사. K사는 시장의 지배력을 키우기 위해 같은 업계의 S사를 인수했다. 문제는 기업 인수가 우호적으로 이루어지지 않았을 뿐만 아니라 그 과정에서 편법적이고 불법적인 수단이 사용되었다는 점이다. 특히 문제가 된 부분은 적대적 인수과정에서 K사의 편을 든 금융기관이 보유하고 있던 지분이다. 그 금융기관이 보유하고 있던 지분은 사실 경영권을 빼앗긴 과거 S사 경영진의 지분이었다. S사의 대주주가 구조조정 전문회사[76]에 맡겨 놓았던 지분을 구조조정 전문회사 대표와 짜고 자신에게 우호적인 금융기관에 매각하도록 했던 것이다. K사는 그 지분을 이용해 S사를 인수했다.

그와 같은 위법행위로 인해 구조조정 전문회사의 대표는 징역형을 선고받았다. 그러나 기업의 인수 자체가 무효화되지는 않았다. 그리고 K사는 막대한 이득을 얻었다. 반면 부당하게 경영권을 빼앗긴 S사 오너는 경영권을 되찾지도 못한 채 엄청난 물질적·정신적 피해를 입고 말았다.

국내의 재벌들 가운데도 그러한 부류의 기업들이 있다. 자신의 도덕적 의무를 다하기는커녕 반대로 남의 밥그릇을 빼앗는 기업 말이다.

여태 부품이나 복사용지 같은 소모성 자재를 공급해오던 중소기업과의 거래를 끊고 오너의 아들이나 딸이 새로 차린 회사로 하여금 이를 공급하도록 하는 기업들이 그러한 경우다. 중소 광고회사로부터 제공받던 광고를 갑자기 끊고 아들이나 딸의 광고회사에 그룹 광고를 맡기는 기업들도 있다. 그룹의 물류를 도맡아왔던 업체와의 거래를 끊고 아들이나 딸의 회사로 하여금 그룹의 물류를 도맡도록 하는 기업들도 있다. 증여세나 상속세를 내지 않으면서 탈법적으로 부를 대물림하는 방법들이다.

그룹 내부거래를 통해 대주주들이 부당한 이득을 챙기는 경우도 있다. 내부거래를 통해 대주주 지분이 적은 회사의 자금을 대주주 지분이 많은 회사로 옮기는 것이다. 이를 터널링(tunneling: 계열사 간 거래를 통한 대주주의 사적 이익 추구행위)[77]이라 한다. 대주주 지분율이 높은 계열사로부터 아주 비싼 값에 상품을 구입하거나 아주 싼 값에 판매를 함으로써 대주주가 이득을 취하는 것이 대표적이다. 반면 이로 인해 대주주 지분율이 낮은 회사의 소수 주주들은 피해를 입게 되어 있다.

그간 전력해온 사업 이미지와 전혀 어울리지 않는 다른 시장에 진출하는 대기업도 있다. 제과업 시장에 진출하기도 하고, 와인 수입과 유통에 진출하기도 하며, 심지어는 최측근 가족이 동원되어 레스토랑 시장에 진출한 경우도 있다.

대기업들의 그 같은 행태로 인해 먹고 살 것이 없어진 중소기업들은 시장에서 밀려나고 있다. 회사의 문을 닫기가 쉽지 않은 경우, 기업들이 진출하지 않은 나머지 몇 개의 시장을 향해 억지로 업종을 전환해야 하는 기로에 놓이기도 한다. 고만고만한 중소기업들이 서로 피 흘리며 싸우는 레드오션(red ocean)이 늘어날 수밖에 없는 이유다.

기업들의 담합에 관한 뉴스도 자주 접한다. 2011년 10월만 보더라도 공정거래위원회는 생명보험사들의 이자율 담합, TFT-LCD 업체들의 가격 담합, 일부 제약업체들의 복제약 담합, 일부 건설사의 국방부 공사 입찰 담합을 적발하고 시정명령과 함께 과징금을 부과했다.[78] 2009년에는 액화석유가스(LPG) 업체들의 가격 담합으로 4,000억 원이 넘는 과징금이 부과된 사건도 있었다.

편법적·불법적인 방법으로 다른 사람들에게 실제적인 피해를 주면서 부당한 이득을 얻은 사례는 그뿐만이 아니다. 너무 많아 여기에 다 적지 못할 뿐이다.

친일파의 후손

다행인지 불행인지 대부분의 선진국들과는 달리 우리나라는 지난 수백 년 동안 다른 나라를 침략한 적이 없다. 외세의 침략으로 인한 피해만 입었을 뿐이다.[79] 36년의 일제 식민지라는 어둡고 긴 터널을 지나 다행히 1945년 광복을 맞은 대한민국. 그러나 일본은 한국 사회에 '정의의 부재'라는 그림자를 남겨 놓고 떠났다.

친일파들은 일제의 수탈에 앞장서면서 우리 국민을 괴롭혔다. 애국지사들을 잡아 가두고 고문하면서 이득을 챙긴 사람들도 있었다. 친일파들은 친일의 대가로 일본으로부터 막대한 특혜도 받았다. 거금을 받기도 했고, 토지를 받기도 했다. 이를 바탕으로 그들은 막대한 부와 권력을 누렸다.

일본의 패망으로 한국은 광복을 맞이했다. 정의를 바로 세울 수 있는 좋은 기회였다. 그러나 국가 건설이 시급하다는 이유로, 그리고 일본에 협력해온 사람들이 다양한 경험과 노하우를 갖고 있다는 이유로 친일파에 대한 청산은 제대로 이루어지지 못했다. 일본에 협력해 부나 권력을 가졌던 사람들은 대부분 광복 후에도 부와 권력을 누렸다. 광복 이후에도 정의는 실현되지 못했던 것이다.

그 후 친일파 인명사전을 만들고, '친일반민족행위 진상규명에 관한 특별법'을 제정하는 등 친일파들과 그 후손들의 재산을 환수하기 위한 노력이 일부 진행되어 왔다. 그러나 광복 후 수십 년이 지난 상황에서 그와 같은 노력이 실질적인 효과를 거두고 있는 것 같지는 않다.

이제 일제에 협력했던 사람들은 대부분 고인이 되었다. 하지만 그런 사람들의 후손들은 아직도 우리 사회에서 많은 부와 명예, 권력을 누리고 있다. 친일파 후손들의 부와 권력은 어디서 나왔는가? 친일파 부모가 다른 사람들에게 엄청난 피해를 주며 받아낸 특혜의 결과다. 다른 사람들에게 육체적 고통과 경제적 약탈 같은 직접적이고 실제적인 피해를 입혔던 대가인 것이다.

부모가 불의하게 얻은 부와 권력을 자녀들이 누리는 것은 타당하지 않다. 문제는 대부분의 친일파 후손들이 부모, 조부모의 친일부역 사실을 잘 모른다는 것이다. 부역자들이 숨기고 싶은 과거를 자녀에게 밝히지 않았을 것이기 때문이다.

우리는 우리 자신을, 집안 가족사를 한번쯤 돌아볼 필요가 있다. 그리하여 만일 자신의 집안이 광복 이전부터 특권을 가진 집안이라면 도덕적 의무에 대해 진지하게 고민해야 한다. 특히 광복 이전부터 부자였다면 그럴 가능성을 곰곰이 따져봐야 한다. 비록 자신이 그 누구에게도 해를 입히지 않고 살았다 해도, 그리고 정부로부터 그 어떤 특혜도 받지 않았다 해도 현재 누리고 있는 것이 다른 사람들에게 실제적이고 직접적인 피해를 주면서 얻은 열매일 수 있기 때문이다.

제로섬 게임의 승자들

주식으로 큰돈을 번 부자들도 있다. 이들이 주식으로 돈을 번 것 자체를 비난하기는 어렵다. 새로 설립된 회사에 주주로서 참여하는 경우, 발행하는 주식을 사들임으로써 기업의 부가가치 창출에 직접적으로 기여하는 것이기 때문이다. 또 증권시장에서 주식을 사고파는 경우도 기업의 가치 창출에 간접적으로 기여한다는 점에서 비난하기 어렵다. 물론 기업의 내부 정보를 이용했다거나 시세를 조정하는 경우 등 위법적인 행위를 제외하고 말이다.

주식시장의 활황이 거품으로 이어지지 않는 한 이 현상도 전혀 나쁜 일이 아니다. 주식가격의 상승은 투자자들의 자산 가치를 높여줌으로써 소비를 늘리고, 경기를 활성화하는 데 간접적으로 도움을 준다.

다만 부동산 가격 상승과 마찬가지로 주식가격의 상승이 그 자체로 사회적 가치를 창출하지는 않는다. 따라서 많은 국민들이 가치를 창출하는 일에 몰두하지 않고 주식시장에 매달리는 것은 바람직하지 않다.

그런데 주식시장에는 또 다른 성격을 가진 상품들이 있다. 선물이나 옵션과 같은 파생상품이 그것이다. 선물과 옵션은 그 가격이 아무리 상승하더라도 가치가 창출되지 않는다는 점에서는 주식과 유사하다. 그러나 그 부작용은 주식에 비해 매우 크다. 물론 선물과 옵션 상품이 다른 상품과 결합되어 위험을 분산시킴으로써 소비자에게 이득을 가져다준다는 주장도 있다. 충분히 그럴 수 있다지만 이는 지극히 일부의 이야기일 뿐이다. 일반인들과는 거리가 멀다. 위험을 분산하기 위해 선물, 옵션에 투자하는 사람은 매우 드물기 마련이다.

선물과 옵션 같은 파생상품이 주식에 비해 부작용이 클 수밖에 없는 이유는, 파생상품에서 내가 돈을 1억 원을 벌면, 어느 누군가가 정확히 그만큼(1억 원)의 손해를 입게 되기 때문이다. 더욱이 그와 같은 손해는 암묵적인 손해가 아니라 실제적인 손해다. 다시 말해 선물과 옵션은 제로섬 게임(zero-sum game: 게임에 참여하는 사람들이 받는 금액의 합계가 0인 게임)이다. 이러한 차원에서 보면 선물과 옵션은 도박과 같은 것이다.

따라서 선물과 옵션 등을 통해 큰돈을 번 사람들은 자신이 번 것과 동일한 크기의 손해를 다른 사람들에게 입힌 셈이다. 내가 가진 파생상품의 가격이 오르면 누군가가 그만큼의 손해를 보게 되어 있다. 이것이 선물, 옵션과 같은 파생상품과 일반적인 주식이 다른 점이다(주식의 경우, 내가 가진 주식의 가격이 오른다고 해서 다른 사람들이 실제로 손해를 입지는 않는다).

따라서 파생상품으로 많은 돈을 번 사람들은 자신이 다른 사람들에게 커다란 손해를 입히면서 돈을 벌었다는 사실을 인식할 필요가 있다. 단지 누구에게 손해를 입혔는지 모를 뿐이다. 이전 사례들과 비교하자면 이들은 '성공한 맏아들 이야기' 속의 맏아들이라기보다는 '나쁜 맏아들 이야기' 속의 맏아들에 가까운 사람인 것이다.

우리는 스스로에게 물어야 한다.
나는 다른 사람에게 실제적인 피해를 입힌 적이 없는가?
다른 사람의 잘잘못을 묻기 이전에
나 자신을 먼저 돌아볼 일이다.

실패한 맏아들 이야기

실패한 맏아들 이야기

이번에는 '실패한 맏아들'에 대해 이야기해보자. 그리고 궁극적으로는 '실패한 부자들'에 대한 이야기를 하려 한다.

가난한 부모의 선택으로 혼자 대학에 간 우리의 맏아들. 그러나 세상은 만만치 않았다. 시골집에서는 아버지 다음으로 어른 대접받는 맏아들이고 시골 고등학교에서는 늘 전교 1등만 하는 수재였지만 서울로 올라온 그는 그저 평범한 지방 출신 의대생일 뿐이었다. 의사로 성공하겠다는 꿈은 안타깝게도 좌절되고 만다.

여기에는 몇 가지 시나리오가 있다. 힘든 의대 과정을 극복하지 못하고 졸업에 실패할 수도 있다. 대학을 졸업한 뒤 의사가 되긴 했지만 종합병원 생활에 적응하지 못하고 도태될 수도 있다. 빚을 내 개인병원을 차렸지만 결국은 쫄딱 망하며 보증을 서 준 동생들에게까지 피해를 입히는 수도 있다.

우리의 '실패한 맏아들'이 하필이면 이 가운데 가장 최악이라 할 수 있는 마지막 경우라고 가정해보자. 혼자 대학에 가서 의사가 되었으나 병원사업을 하다가 망해서 보증을 선 동생들의 재산까지 다 탕진한 경우 말이다.

"세 명의 자녀를 둔 가난한 부모가 시골에서 농사를 지으며 살았다. 집안이 매우 가난해 맏아들만 겨우 대학 공부를 시켰다. 등록금을 내기 위해 키우던 소들도 내다 팔았다. 덕분에 맏아들은 의과대학에 진학했다.

몇 년 후 맏아들은 의사가 되어 병원을 차렸다. 이를 위해 금융기관으로부터 융자도 받았다. 그러나 경영 마인드가 없었던 맏아들은 계속해서 적자를 보았고, 병원을 살리기 위해 추가적인 융자까지 받았다. 이를 위해서는 동생들의 보증이 필요했다.

그러나 융자금도 소용없이 결국 병원은 부도가 나고 말았다. 보증을 서 준 동생들은 그야말로 날벼락을 맞은 셈이었다. 변변치 않던 그들의 집마저 경매로 넘어가고 말았다. 살 곳마저 잃은 것이다."

실패한 맏아들에게도 도덕적 의무가 있을까?

실패한 맏아들은 우선 금융기관에 진 빚을 갚아야 할 의무를 갖는다. 그리고 이는 샌델의 기준에 따른 자발적 의무이자 법적인 의무가 될 것이다.

성공한 맏아들과 마찬가지로 실패한 맏아들도 동생들에게 보상을 해야 할 도덕적 의무를 갖는다. 맏아들이 성공했건 실패했건 대학에 감으로써 둘째와 막내는 대학에 갈 수 있는 기회를 놓쳤다. 둘째와 막내가 기회를 잃은 것에 대해 맏아들이 보상을 할 의무가 있음은 당연하다. 그와 같은 도덕적 의무는 앞에서 충분히 다뤘으므로 더 이상 설명하지 않겠다.

그것으로 끝인가? 그렇지 않다. 동생들에 대한 맏아들의 도덕적 의무는 아직 한 가지가 더 남아 있다. 맏아들에게 보증을 섰다가 날린 재산이 있기 때문이다. 맏아들은 응당 이 부분도 보상해줄 의무가 있다.

보증으로 인해 동생들이 입은 손해는 암묵적인 손해가 아니라 실제적이고 직접적인 손해다. 실제적이고 직접적인 손해라는 점에서 손해액을 계산하는 것은 그다지 어렵지 않다. 경매에 넘어간 동생들의 집이 5억 원이라면, 5억 원만큼을 보상할 도덕적 의무를 갖는다. 이것이 실패한 맏아들의 추가적인 도덕적 의무다.

보증과 관련해서 맏아들과 동생들 간에 어떠한 계약이 있었다면 그와 같은 의무는 법적인 구속력을 가질 수도 있다. 그러나 형제자매 간에 보증을 서면서 계약을 하지 않는 경우는 얼마든지 많다. "형식적인 보증이니까 전혀 걱정할 것 없다"면서 맏아들이 동생들에게 보증을 부탁할 수도 있다. 동생들이 자발적으로 나서 보증을 서주겠다고 하는 경우도 있다. 따로 계약이 없는 경우, 동생들이 맏아들로부터 보상을 받는 일은 다소 까다로운 과정이 될 수 있다. 법적 의무가 아닌 도덕적 의무에 불과하기 때문이다.

문제는 그와 같은 도덕적 의무를 제대로 이행하지 않는 경우가 많다는 것이다. 보상을 할 형편이 안 되어서 보상을 못하는 경우도 있으리라. 그러나 동생들의 재산은 다 탕진했음에도 정작 맏아들은 이전과 다를 바 없이 잘 먹고 잘사는 경우도 있다. 현실에서 흔히 볼 수 있는 모습이다.

이게 어떻게 가능할까?

사업이 실패하기 전에 맏아들이 몰래 돈을 빼돌렸을 수도 있다. 사업가인 아내가 엄청나게 돈을 잘 벌 수도 있다. 실패한 자신은 잘살면서 보증을 섰다가 어려움에 빠진 동생들은 외면하는 맏아들. 도덕적 해이(moral hazard: 자신의 행동이 다른 사람들에게 드러나지 않는 경우 오로지 자신의 이익만을 추구하는 경향) 현상의 또 한 가지 사례다.

성공의 열매는 '내 것', 실패의 쓴 잔은 '네 것'

실패한 맏아들 이야기는 실패한 기업에게도 폭 넓게 적용될 수 있다.

정부로부터 많은 특혜를 받았음에도 부도가 나거나 없어져버린 기업들은 의외로 많다. 대우, 기아, 쌍용, 대농, 삼미, 진로, 한보, 새한 등 그룹을 무리하게 확장하다 실패한 경우, 부모로부터 그룹을 물려받았지만 지키지 못한 경우도 있다. 외환위기 등 예상치 못한 경제 환경의 변화에 대처하지 못했거나 불법행위를 하다가 사법 당국으로부터 된서리를 맞고 주저앉은 경우도 있다.

이들 기업들은 특혜의 대가를 사회에 돌려주기는커녕 실패함으로써 다른 사람들에게 많은 피해를 주고 말았다. 혼자 대학에 간 맏아들이 동생들을 보살피기는커녕 재산 피해까지 입혔듯이 특혜를 입은 기업들이 사회에 보상을 하기는커녕 오히려 커다란 피해를 준 것이다.

기업이 도산함에 따라 직장을 잃고 삶 자체가 완전히 피폐해진 근로자들과 그 가족들, 기업의 채권을 구입했다가 평생 모은 돈을 날린 사람들, 거래대금을 지급받지 못해 끝내 도산한 중소기업 직원들과 가족들, 대출을 해준 금융기관들(이로 인해 실제로 부실화된 금융기관도 있다). 이들 기업들은 이렇듯 수많은 사람들에게 커다란 물질적 · 정신적 피해를 주었다.

　문제는 도산한 기업의 총수들과 기업인들 일부가 지금도 남들보다 잘살고 있다는 점이다. 수천억 원 이상의 추징금은 납부하지 않으면서 해외에서 호화롭게 사는 사람들도 있다. 사전에 부인과 자녀들에게 재산을 증여하거나 해외로 불법적으로 빼돌린 사람들도 있다. 그러한 돈으로 해외에서 재기를 꿈꾸거나 국내에서 다른 사람 명의로 또 회사를 차리는 경우도 있다.

　종업원들의 임금 123억 원을 체불하고 미국으로 도피한 기업인에 대한 고발 프로그램이 TV에서 방영된 적이 있다. ‘회사는 망해도 오너는 산다’ 라는 제목이었다. 그는 친인척을 동원해 과도한 급여를 받았고, 해외로 도피한 이후에는 해외 계좌를 만들어 부당하게 급여를 받아 고급 아파트에서 고급 차를 굴리며 호화로운 생활을 하고 있었다.

　실패한 기업의 총수들과 기업인들이야말로 사회에 보상해야 할 도덕적 의무가 가장 큰 사람들이다. 정부로부터 특혜를 받음으로써 많은 사람들에게 암묵적인 피해를 주었을 뿐만 아니라 기업이 도산함에 따라 또 다른 피해도 주었기 때문이다.

　이들이 정당하지 않은 돈으로 호화로운 생활을 하는 것은 물론 옳지 않다. 그들의 실패를 비난하는 것이 아니다. 실패는 누구나 할 수 있다. 그러나 성공의 열매는 나누려하지 않고, 실패의 쓴 잔은 떠넘기려 하는 일부 기업인들의 행태는 비난의 대상이 되기에 충분하다.

이들은 지금이라도 자신의 행동을 돌이켜보고, 다른 사람들에게 입힌 손해에 대해 깊이 반성해야 한다. 그리고 그와 같은 손해를 보상해야 할 도덕적 의무가 있음을 깨달아야 한다.

탐욕스러운 금송아지

2011년 10월, 맨해튼 월가 근처에 있는 주코티(Zuccotti) 공원에서는 월가의 탐욕을 비난하는 시위가 벌어졌다. 시위의 슬로건은 '월가를 점령하라!'(Occupy Wall Street)였다. '탐욕'(Greed), '잘못된 우상'(False Idol)이라는 문구가 쓰인 금송아지도 눈에 띄었다. 2008년 금융위기 등으로 일자리를 잃었거나 얻지 못한 젊은이들이 불만을 노골적으로 표출하기 시작한 것이다. 이와 같은 시위 소식은 유튜브와 트위터 등을 통해 미국 전역으로, 전 세계로 퍼졌다.

2008년 미국의 금융위기는 인간의 탐욕이 가져온 또 하나의 결과였다. 금융위기가 터지기 전, 미국의 금융기관들은 앞다투어 주택담보대출을 기반으로 한 파생상품들을 만들어 판매했다. 돈을 벌기 위해서였다. 은행들은 주택대출채권을 담보로 증권(이를 MBS라 한다)을 발행·판매해 대출금을 회수했다. 그렇게 회수된 돈은 또 다른 주택담보대출로 사용했다. 주택담보대출을 하

더라도 대출이 바로 회수되었기 때문에 은행 입장에서는 대출
심사를 엄격히 할 필요가 없었다. 그래서 우량하지 않은(sub-
prime) 고객들에게도 대출이 이루어졌다. 바로 이것이 2008년 미
국의 금융위기를 '서브프라임 사태'라 부르는 이유다.

대출시 담보를 충분히 확보할 필요도 없었다. 대출금이 바로
회수되어 은행들은 위험을 떠안지 않아도 되었기 때문이다. 한
편 그와 같은 증권을 인수한 다른 금융기관들은 이를 분류해 여
러 개를 묶은 또 다른 상품을 발행했다. 채무자의 신용위험(부도
위험)만 별도로 분리해 파는 새로운 파생상품(이를 CDS라 한다)도
나왔다. 그런데 위험이 큰 상품만을 따로 판매하기는 어려웠기
때문에 위험이 큰 상품에 위험이 적은 상품을 섞어서 만든 또 다
른 파생상품이 만들어졌다.

이러한 파생상품이 팔려 나가자 금융기관들은 이번에는 '위
험이 큰 상품의 비중이 매우 높은' 파생상품들도 내놓았다. 위험
이 매우 큰 상품들 속에 위험이 적은 상품이 아주 조금 섞인, 그
런 파생상품들이었다. 이러한 파생상품들은 쓰레기나 마찬가지
였다. 2004년 중국에서 문제가 되었던, 여러 가지 쓰레기들을
섞어 소를 만들고 이를 만두피로 포장해 감춘 쓰레기만두와 같
은 것이었다. 쓰레기만두와 다른 점은, 그들은 법적인 처벌을 받
았지만 쓰레기 파생상품을 만든 사람들은 법적인 처벌을 받지
않았다는 점이다.

위험한 '폭탄 돌리기'는 계속되었다. 그러다 미국의 주택가격이 하락하기 시작하자 담보가 부족해졌고 은행의 대출도 부실해졌다. 이에 따라 주택대출채권을 기반으로 만들어진 수많은 파생상품들도 부실해졌다. 부실한 파생상품에 투자를 한 금융기관들이 하나씩 쓰러지기 시작했다. 결국에는 월가 5위의 투자은행이었던 베어스턴스(Bear Stearns)에 이어 4위의 리먼브라더스(Lehman Brothers)마저 파산보호를 신청했다. 자산규모 6,000억 달러가 넘는 미국의 대규모 투자은행마저 쓰러지고 만 것이다.

금융기관의 파산으로 인한 피해는 금융기관 내부의 사람들만의 것이 아니었다. 리먼브라더스의 파산은 리먼브라더스의 주주는 물론 예금자, 채권 보유자, 상품 보유자, 거래 기업에게 엄청난 직접적인 피해를 주었다. 직접적인 관련이 없는 사람들도 세계경제의 침체와 불안으로 막대한 피해를 입었다. 그 피해는 미국에서 수천 킬로미터 떨어진 다른 나라에게까지 미쳤다. 수많은 기업이 금융위기로 인해 손해를 보았고 결국 도산했다. 그 여파로 수많은 사람들이 직장을 잃었다. 주식가격의 폭락이나 환율의 변화로 인해 손해를 본 사람도 많았다.

뱅크오브아메리카(BoA), 씨티은행(Citibank), JP모건체이스(J.P. Morgan Chase & Co.) 등에는 엄청난 규모의 공적자금이 투입되었다. 다행히 이들 은행들은 살아남았다. 경제시스템의 붕괴를 막기 위해 미국 국민의 혈세가 투입된 것이다. 그러나 공적자금이 투입되어 살아난 금융기관 임원들은, 잘못에 대한 비용을 거의 지불하지 않았다. 오히려 공적자금을 가지고 돈 잔치를 벌였다. JP모건체이스의 제임스 다이먼(James Dimon) 대표이사는 2009년 2,000만 달러가 넘는 연봉을 챙겼다. 직원들도 평균 50만 달러에 가까운 보너스를 받았다.

공적자금이 투입된 금융기관들의 도덕적 해이. 월가 주코티 공원에서의 시위는 이를 규탄하는 것이었다. 시위를 결정적으로 촉발시킨 것은 뱅크오브아메리카가 주택담보대출 손실로 인한 구조조정을 하면서 해직된 임원 2명에게 각각 500만 달러가 넘는 해직수당을 지급한 사건이었다. 수천 명의 직원을 해고하면서 임원들에게는 막대한 수당을 지급했다는 사실을 정상적인 사고를 가진 사람들로서는 도저히 납득할 수 없었기 때문이었다.

그러나 보다 근본적으로는 쓰레기 파생상품 판매와 같이 편법적·불법적 방법으로 돈을 벌고 있는 월가 사람들과 이를 처벌하지 못하는 시스템에 대한 분노의 표현이라고 하는 것이 더 정확할 것이다.

한국의 비도덕적 금융기관들

실패의 책임을 지기는커녕 끝까지 제 잇속을 채우는 행태는 미국뿐 아니라 우리나라 금융기관의 관계자들도 마찬가지다.

한국 정부는 1997년에 닥친 외환위기가 금융시스템 붕괴로 이어지지 않도록 하기 위해 대규모 공적자금을 조성해 금융 구조조정을 추진했다. 지원된 공적자금 규모는 약 169조 원에 달했다. 엄청난 금액이다. 이 가운데 절반 정도가 은행에 투입되었는데, A 은행에 의해 인수된 B 시중은행의 경우 약 15조 원에 가까운 지원이 이루어지기도 했다. 투신사들에 대해서도 30조 원이 넘는 공적자금이 투입되었다. 망했어야 할 금융기관들을 정부가 대규모 자금을 투입해 억지로 살린 셈이다.

투입된 공적자금 가운데 일부는 회수되었고, 앞으로 회수될 수 있는 것들도 있다. 그러나 회수가 어려운 자금도 많다. 2002년 3월 전문가들이 분석한 바에 따르면 투입된 공적자금 가운데 약 69조 원의 회수가 어려울 것으로 평가되었다. 공적자금의 부담은 결국 국민들의 몫이다. 또한 이는 암묵적인 부담이 아니라 실제적인 부담이다.

이들 금융기관 관계자 대부분은 부실에 대한 책임을 지지 않았다. 공적자금이 투입되면서 부도의 책임에서 벗어난 것으로 끝이었다. 고위직 임원들은 비리가 없는 한 그 자리에서 고이 물러났다. 나머지 직원들 대부분은 아직도 높은 연봉을 받으며 좋은 근무 환경에서 일하고 있다. 주주(소액주주)들도 공적자금 덕분에 파산을 면함으로써 손해를 크게 줄일 수 있었다. 이들이 공적자금을 부담한 국민들에게 얼마나 고마워하고 있을지 궁금하다.

공적자금이 투입된 대부분의 금융기관들은 현재 많은 수익을 올리고 있다. 이에 따라 근로자들과 임원들에게 더 많은 임금을 지급해야 한다는 주장도 나오고 있다. 주주들에게 더 많은 배당을 해야 한다는 주장도 나온다. 그러나 그러기에 앞서, 자신들을 위해 많은 부담을 떠안은 국민들에게 어떻게 보답을 할 것인지를 먼저 고민해야 하지 않을까?

금융기관의 부실은 금융감독 당국이나 경영진의 잘못으로 인한 것이므로 일반 직원들이나 소액주주들은 그 책임을 질 필요가 없다는 주장도 있을 것이다. 그러나 이런 주장에는 문제가 있다. 일반 직원들이나 소액주주들이 금융기관 부실의 책임을 질 필요가 전혀 없다면, 금융기관 경영진이 경영을 잘해서 많은 이윤을 남기는 경우에도 그와 같은 이윤을 나누어 달라고 할 권리가 없어야 하기 때문이다.

세상을 바꿀 아름다운 나비효과를 꿈꾸며

지난 100년 동안 우리 사회는 참으로 길고 어두운 터널을 지나왔다. 일제의 압제 하에서 우리를 잃었고, 정의도 잃고 살았었다. 광복 후에는 한국전쟁으로 인해 동족상잔의 비극도 겪었다. 내가 살기 위해서는 적을 죽여야만 했다.

전쟁이 끝난 후에는 또 다른 전쟁이 계속되었다. 생존을 위한 전쟁이었다. 살아남는 것이 중요했다. 먹을 것이, 돈이 필요했다. 이를 위해 가능한 무엇이든지 했다. 이런 시대를 겪은 우리 부모 또는 조부모 세대에게 정의로운 사회를 꿈꿀 여유는 없었을지 모른다. 정의라는 단어 자체가 사치스러운 것이었는지도 모른다.

이제 우리 사회는 남들이 부러워할 만한 사회가 되었다. 한국으로 유학을 오는 개도국 젊은이들도 많아졌다. 개도국은 물론 선진국에 가 보더라도 한국이 얼마나 발전했는지 쉽게 알 수 있다. 서울 도심을 보라. 얼마나 깨끗해졌는가? 프랑스 파리(Paris)를 동경하는 사람들이 적지 않지만 정작 파리 시내를 걷다 보면 개똥을 피하기 위해 시선은 계속 길바닥에 향하고 있어야 한다.

세계 어디를 가더라도 우리나라 지하철처럼 좋은 지하철을 찾기 어렵다. 요즘은 조금 나아졌지만 뉴욕에서 지하철을 타 본 사람이라면 시커먼 낙서가 가득한 객차와 썩은 냄새로 인한 불쾌함을 경험했을 것이다. 출입구는 무임승차를 방지한다고 무시무시한 철문으로 되어 있다. 낮은 그나마 낫다. 늦은 밤 뉴욕 지하철은 특히 일부 구간에서 공포의 대상 그 자체다.

우리 사회에 밝은 면만 있는 것은 아니다. 젊은이들에게는 일자리가 없고, 고령화가 가속화되면서 사회는 성장 동력을 잃어가고 있다. 또 그늘진 곳에는 아직 가난에 허덕이는 이웃들이 많이 존재한다. 최근 들어 빈부격차가 더욱 심해지고 있다. 더 큰 문제는 빈부격차가 고착화되고 있다는 점이다.

30~40년 전만 해도, 어려운 집에서 태어나 스스로 성공한 사람들이 꽤 많았다. 적어도 내 주위에는 그런 친구들이 많다. 동창 가운데 한 명은 어려운 집안에서 태어나 어려서부터 안 해본

일이 없었다. 그래도 그는 명문 대학에 진학했고 졸업 후 굴지의 대기업에 취직했다. 지금은 회사를 옮겨 임원으로 있는 그는 요즈음에도 만나면 밥값을 먼저 계산한다. 자취방에서 굶는 것이 예사였던 대학 후배도 회계사 시험에 합격해 잘살고 있다.

사실 나의 아버지도 자수성가한 분이다. 서울로 올라와 대학에 합격은 했으나 등록금이 없었다. 아버지의 인생이 크게 바뀔 뻔한 순간이었다. 다행히 고등학교 교장선생님이 등록금을 마련해주셨다. 그 분이 국사책에도 나오는, 그 유명한 간송 전형필 선생님이다. 일제 때 일본 사람들로부터 우리의 문화재를 지키기 위해 전 재산을 쏟아 우리 문화재를 사 모은 분이다. 지금도 성북동 간송박물관에 가면 그때 사 모은 문화재들이 아름답게 전시·보존되어 있다. 고인이 된 그 분께 늘 감사드리는 마음이다. 요즘도 그런 분들이 우리 사회에 많이 있기를 기대한다.

그런데 지금은 어떠한가? 대학에 따라 지역균형발전 선발제 등 저소득층을 배려하는 여러 제도가 있음에도 명문 대학에 진학하는 학생들 대부분은 중상류층 자녀들이다. 무슨 전형이 그리 많은지, 정보가 없으면 대학에 가기도 어렵다. 그리고 그와 같은 정보는 가진 사람들의 것이 되기 쉽다.

대학에 가더라도 문제다. 등록금이 너무 비싸기 때문이다. 시간당 5,000원짜리 아르바이트를 할 경우, 하루 8시간씩 100일을 일해야 한 학기 등록금을 벌 수 있다. 하나도 안 쓰고 숨만 쉬고 모아야 그렇다. 등록금을 벌려면 수업에 들어오지 말아야 한다는 역설적인 일이 현실에서 벌어지고 있는 것이다. 엄밀하게 말해 등록금이 비싸다기보다 장학금이 부족하다고 해야 맞을지도 모른다.

예전에는 국공립대학 등록금은 그래도 쌌다. 형편이 어렵더라도 국공립대학은 비교적 싸게 갈 수 있었다. 그런데 시간이 흐르면서 국공립대학 등록금이 더 많이 올랐다. 비싼 등록금을 내고 대학을 졸업해도 문제다. 취업이 어렵기 때문이다. 그래서인지 과거보다 자수성가는 더 어렵게만 보인다.

사회가 건강하려면 모든 젊은이들이 희망을 가져야 한다. 노력해도 안 되는 풍토라면 누가 노력을 하겠는가? 존 롤스와 같은 평등주의적 시각까지는 아니더라도 지나친 빈부격차는 사회적으로도 바람직하지 않다. 사회 통합이 깨지면 갈등이 발생하고, 갈등은 또 다른 비용을 낳으며 심지어는 사회를 해체시킬 수도 있다.

미국의 경우, 어떤 명문 고등학교는 학교 안에 실내 수영장과 스케이트장은 물론 조정경기장, 골프장, 심지어 스키장도 있다. 반면 뉴욕의 빈민 지역 고등학교에서는 폭력과 마약이 일상처럼 오간다. 심각한 빈부격차다.

미국에서는 병원비가 상상을 초월할 정도로 비싸다. 중환자실에 몇 주일 정도 입원을 하면 우리 돈으로 수억 원 가까운 돈이 나온다 하니 기가 막힐 노릇이다. 반대로 보험회사와 의사, 변호사들은 그 같은 병원비로 인해 큰돈을 벌고 있다. 보험 없이 아프기라도 하면 신세를 망치고 마는 사회에 정의가 있다고 말하기는 어렵다. 개인주의와 극단적 자유 시장주의에 빠져 사회 통합이 깨지면 이는 한순간에 주저앉을 수도 있다.

우리는 이러한 사회를 원하지 않는다. 정의롭고 따뜻하고, 그래서 살 만한 사회를 원한다.

'선택과 집중'과 같은 정부의 정책이 한국경제의 고도성장에 크게 기여한 것은 사실이다. 가난한 부모가 맏아들을 대학에 보낸 선택이 잘못된 선택이라고 단정할 수 없듯이, 그러한 정부의 선택도 잘못된 선택이라고 단정하기 어렵다. 그러나 그러한 정부의 정책은 가난한 이웃이라는 어두운 그림자를 우리 사회에 드리웠다.

그리고 기업과 부자들은 그 과정에서 많은 부를 모았다. 그렇다면 '성공한 맏아들'이 그래야 하듯이, 기업과 부자들도 자신들의 성공 과정에서 암묵적인 비용을 지불한 사람들에게 보상을 해야 하는 것이 당연하다. '나쁜 맏아들'처럼 다른 사람들의 것을 빼앗아 부를 모은 경우는 더욱 그러하다. 자신들과 달리 99%의 이웃들은 소외되고, 희생되고, 피해를 입었다는 사실을 깨달아야 한다.

다만 이 책이 부자들에 대한 전반적인 반감으로 이어지지는 않았으면 좋겠다. 자신의 도덕적 의무를 다하는 사람들도 있다. 부자들 가운데는 정부로부터 어떠한 특혜도 받지 않고, 단지 남들보다 더 많이 더 열심히 노력하고 일해서 부자가 된 사람들도 많다. 특혜 하나 받은 것 없고 큰돈을 만져보지도 못했지만 남들보다 절약하고 검소하게 살면서 돈을 모은 사람들도 있다. 이런 사람들까지 비난의 화살이 돌아가서는 안 되겠다.

이 책은 독자들을 위한 책이면서 동시에 나를 대상으로 한 책이다. 나야말로 그간 한국 사회로부터 수많은 혜택을 받으며 살아왔기 때문이다. 나만 그렇겠는가? 이는 우리들 모두의 이야기다(다만 나는 '성공한 맏아들 이야기' 속의 맏아들은 아니다. 우리 형제들은 모두 대학에 진학했다).

나는 외가에서 태어나 어린 시절 외할머니 밑에서 굶지 않고 자랐다. 그 이후로도 부모님 덕분에 지금까지 어렵지 않게 잘살고 있다. 어려서부터 체력이 약해 운동선수 같은 것은 꿈도 꾸지 못했지만 다행히 머리는 나쁘지 않았던 것 같다. 재수라는 아픔은 있었으나 결국 좋은 대학에 진학했고, 좋은 성적도 받았고, 유학도 갈 수 있었다. 마음 좋은 지도교수를 만나 박사학위도 큰 어려움 없이 받았다. 좋은 학교에 자리도 얻었다. 그 모든 일에 감사할 뿐이다.

중학교 시절, 같은 반에 집안 형편이 무척 어려운 친구가 있었다. 우리 집에 신문을 배달하던 그 친구는 결국 중학교를 그만두게 되었다. 내가 좋은 대학에 진학할 수 있었던 것은 그 시절 그러한 친구들이 많아서였을 것이다. 나 역시 이 사회에 대해 도덕적 의무를 가질 수밖에 없는 이유다.

나는 오랜 기간 공정거래 분야에 관심을 가져왔다. 공부를 처음 시작할 당시, 공정거래 분야가 최근에 이렇게까지 각광받을 줄은 몰랐다. 정부가 공정거래 규제를 강화하면서 이 분야가 큰 관심을 받게 되었다. 소비자와 중소기업을 보호하고 국민경제의 균형 있는 발전을 도모할 필요성이 더욱 강조되고 있는 것이다. 덕분에 그동안 꽤나 바쁘게 지냈다.

나는 대학 및 대학원 동문들의 도움도 자주 받는 편이다. 대학에 있는 친구들을 만나 좋은 아이디어를 얻기도 하고, 사회에 나간 유능한 친구들로부터 현실에 대해 배우기도 한다. 경제학 교수 생활을 하면서 많은 기업의 임직원들도 만났다. 그들에게 해주는 것도 없이 숱한 도움을 받아 왔다. 내가 이 사회에 보답을 해야 하는 또 다른 이유다.

그렇다고 내가 대단히 성공한 위치에 선 것은 아니다. 따지고 보면 일개 월급쟁이에 불과하다. 다만 내가 얻은 열매를 다른 사람과 나눌 정도가 되었다는 것이 그저 감사할 뿐이다.

얼마 전 '남자의 자격' 이라는 TV 예능 프로그램에서 합창단을 만들어 활동하는 모습이 방영되었다. 마지막으로 합창대회에 참석해 화음을 맞추는 장면은 무척 감동적이었다. '넬라 판타지아(Nella Fantasia)' 라는 곡도 좋았고, 좋은 소리를 만들어내는 과정들도 인상적이었다.[80] 그러나 무엇보다 내 기억에 남은 부분은 처음에 합창단원을 선발하는 과정이었다.

수많은 지원자들 가운데 노래를 잘하는 사람 위주로 합창단을 뽑을 것이라는 내 생각은 보기 좋게 어긋나고 말았다. 실제로는 다른 사람들의 목소리와 어울리는 목소리를 가진 사람, 다른 사람들과 잘 어울릴 수 있는 사람을 선발 기준으로 삼았던 것이다. 아름다운 합창이 되기 위해서는 여러 목소리가 조화를 이루어야 한다. 우리의 삶도 그랬으면 좋겠다.

모자란 글을 끝까지 읽어주신 독자들께 감사드린다. 나의 조그만 목소리가 크게 증폭되어 사회에 작은 변화라도 가져올 수 있다면 더욱 바랄 것이 없다. 나비의 작은 날갯짓 하나가 지구 반대편에 커다란 폭풍을 몰고 오는 나비효과(butterfly effect)처럼, 사람살이의 변화도 이처럼 작은 것에서 시작할 테니 말이다.

1 도덕적 책임의 범주에 관한 이하의 내용 〈정의란 무엇인가?〉(마이클 샌델 지음, 이창신 역, 2010), 김영사, pp.314~316에서 인용 및 참조.

2 이는 맏아들을 대학에 보내기 위해 부모가 부담(희생)한 것이 단순히 대학 등록금만이 아니기 때문이다.

3 〈미시경제학〉, 이준구(2008), p. 6.

4 In re Marriage of Sullivan (1984) 37 Cal.3d 762 [209 Cal. Rptr. 354; 691 P.2d 1020].

5 공유자원의 비극 문제는 회사 접대비 지출에서도 잘 나타난다. 회사에서 매달 접대비를 얼마까지 지출할 수 있다는 전제 하에 법인카드를 지급하면, 대부분의 직원들은 접대비를 한도까지 다 써버린다. 접대비를 남겨봐야 자기 것이 되지 않기 때문이다.

6 제레미 벤담(Jeremy Bentham, 1748~1832)은 영국의 법학자이자 철학자다. 공리주의 사상에 입각해 '최대다수의 최대행복' 이라는 기준에 따라 역사적·전통적인 제도와 사상을 검토하고 구체적 개혁안을 제시했다. 존 스튜어트 밀(John Stewart Mill)과 같은 공리주의 철학자를 배출해내기도 했다.

7 마이클 샌델, 위의 책, p. 55.

8 구성원이 느끼는 행복이 소득 수준과 비례하지 않는다면, 앞에 있는 수치는 각 소득 수준에서 얻어지는 행복 수준으로 바뀌어야 한다.

9 마이클 샌델, 위의 책, pp. 51~83.

10 존 롤스(John Rawls, 1921~2002)는 미국의 철학자다. 저서인 〈정의론(正義

論)〉에서 공리주의(功利主義)를 대신할 실질적인 사회정의 원리를 '공정(公正)으로서의 정의론'으로 전개했다. 평등한 기본적 자유를 보장하는 권리를 강조했으며, 가장 불리한 상황에 있는 사람들의 이익을 최대화하는 데 관심을 가졌다. 네이버 백과에서 인용 및 참조.

11 롤스가 생각하는 사회계약과 사회적 정의 개념은 철학적 이슈이므로 여기서 다루지 않는다. 이에 대한 자세한 내용은 마이클 샌델, 위의 책, pp. 197~231 참조.

12 최병선(1992), 〈정부규제론〉, p. 972.

13 전체적인 이야기는 마태복음 20장 1절~14절 참조.

14 장하준, 〈그들이 말하지 않는 23가지〉(2010) 부키, pp. 184~197.

15 애덤 스미스(Adam Smith, ?~1790)는 영국의 정치경제학자이자 도덕철학자, 고전경제학의 창시자다. 근대경제학 및 마르크스 경제학의 출발점이 된 〈국부론〉을 저술했으며, 처음으로 경제학을 이론, 역사, 정책에 도입해 체계적 과학으로 발전시켰다. 네이버 백과에서 인용 및 참조.

16 최병선, 위의 책, p. 64.

17 이러한 철학은 "외부성(externalities)이 있더라도 이해당사자들 사이의 자발적 협상으로 효율적인 자원배분을 이룰 수 있다"는 코즈의 정리(Coase theorem)에도 잘 나타나 있다.

18 경매는 하나의 물건을 놓고 가장 높은 가격을 부르는 사람에게 판매하는 공개판매 방식을 의미한다. 이준구, 위의 책, p. 444.

19 봉인입찰경매에는 가장 높은 가격을 적은 사람이 자신이 적은 가격(최고가격)에 낙찰을 받는 방식(최고가격 봉인입찰경매)과 자신 다음으로 높은 가격(차점가격)이 낙찰을 받는 방식(차점가격 봉인입찰경매)이 있다.

20 영국식 공개경매와는 반대로 매우 높은 가격에서 점차 가격을 낮추어 가는 방식(사고자 하는 사람이 있을 때까지 낮추는 방식)도 있는데, 이를 네덜란드식 공개경매라 한다. 자세한 경매 방법은 김영세(2003), 〈전략과 정보〉, 박영사, pp. 312~316 참조.

21 대학에 진학하는 권리와 같이 그 가치가 개인에 따라 달라지는 경우, 경매 입찰자들이 위험중립적(risk-neutral)이기만 하면 최고가격 봉인입찰경매, 차점가격 봉인입찰경매, 영국식 공개경매, 네덜란드식 공개경매 모두 동일한 기대수익을 가져다준다. 이를 수익동등정리(revenue equivalence theorem)라 한다.

22 이는 "합리적인 구매자는 자신의 평가가치를 초과하는 과도한 입찰가 (over-bidding)를 제시하지 않는다"는 것으로도 표현될 수 있다. 김영세, 위의 책, p.310.

23 한편, 세 자녀 가운데 누가 대학에 가더라도 10억 원의 재산을 벌고, 다른 사람들의 재산은 0원이 되는 경우에 있어서 경매를 실시하면 낙찰가격은 10억 원이 된다.

24 낙찰가격이 27억 원이 되는 것은 막내가 대학에 가서 추가적으로 벌 수 있었던 금액이 그렇기 때문이다. 만약에 막내가 대학에 가서 추가적으로 17억 원밖에 못 번다면 낙찰가격은 17억 원이 되었을 것이다.

25 심지어 부모는 맏아들에게 대학에 가고 싶으면 47억 원을 지불하라 하고, 그렇지 않으면 대학에 안 보내겠다고 협박할 수도 있다. 극단적인 받거나 말거나식의(take-it-or-leave-it) 제안을 할 수도 있는 것이다. 여기서 47억 원은 맏아들이 대학에 갔을 때의 재산(50억 원)과 가지 않았을 때의 재산(3억 원)의 차액이다. 그러나 이와 같은 경우는 부모가 보상을 사실상 좌지우지 하는 경우로서 이타적인 부모와는 거리가 멀다.

26 플라자합의(Plaza Accord)는 1985년 9월 22일 선진 5개국(미국, 일본, 독일, 영국, 프랑스) 재무장관들이 뉴욕 플라자호텔에서 만나 일본 엔화와 독일 마르크화의 평가절상을 유도하기로 합의한 것을 말한다.

27 이 수치는 계열사인 기아자동차의 생산량을 합한 것이다. "현대·기아차 올해 세계 지역별 전략 살펴보니" 2010년 2월 19일 아주경제 인터넷판.

28 공기업집단은 제외. 조동성(1990), 〈한국기업연구〉, 매일경제신문사, p. 217 및 공정거래위원회, 〈공정거래백서〉 각 년호 등.

29 나는 그와 같은 논란에 끼어들기 싫다. 싸우는 것을 싫어하기 때문이기도 하지만 부끄럽게도 아직 답을 잘 모르기 때문이다. 성장이냐 분배냐에 대해 확신을 가지고 말하는 사람들이 오히려 신기할 뿐이다. 내 입장에서는 양쪽의 주장 모두가 일리 있는 부분이 있고, 또 틀린 부분도 있는 것 같다.

30 기업들이 얻은 특혜들과 관련해서는 조동성, 위의 책, pp.163~200.

31 오원철(2003), 〈한국형 경제건설〉, 한국 경제정책연구소, p. 362에서 인용, 이승훈(2005), 〈기업체제와 다국적기업〉, 서울대 출판부, p. 129에서 재인용.

32 2006년 8월 29일 중앙일보 인터넷판.

33 그러나 정부의 특혜로 인해 기업이 된 사례는 국내뿐만 아니라 외국의 경우에도 많다.

34 한국경제가 급속한 발전을 한 것도 그와 같은 한국 국민들의 시각에 영향을 주었을 수 있다. 알고 지내던 사람이 어느 날 갑자기 기업 총수가 되어 있기도 하고, 조그만 기업이 갑자기 성장해서 큰 기업이 되어 있기도 한 현상이다. 나와 다른 사람이라고 생각하지 않았는데, 그렇게 되니 상대적 박탈감도 컸을 수 있다.

35 이준구, 위의 책, p. 154.

36 헤럴드경제 인터넷판, 2010년 4월 4일.

37 매일경제 인터넷판, 2010년 8월 6일.

38 경향신문 인터넷판, 2010년 8월 6일.

39 매일신문 인터넷판, 2008년 12월 22일에서 인용 및 참조. 필자는 미국 유학 시절에 International House라고 불리는 기숙사에서 생활했다. 대학원생들을 위한 기숙사였다. 이것도 록펠러가 기증한 것이었다.

40 매일경제 인터넷판, 2011년 10월 31일.

41 '존경받는 기업, 타타그룹', 서울신문 인터넷판, 2007년 12월 28일, '한 해 20개 기업 삼키고 1억 달러 기부⋯타타의 도전', 머니투데이 인터넷판, 2008년 2월 27일, '잠세트지 타타', 서울경제 인터넷판, 2007년 5월 18일, '김치 담그고 연탄 나르는 것만 사회공헌?', 조선일보 인터넷판, 2011년 11월 6일.

42 변경원, '가장 존경받는 기업인 1위, 유일한', 디지털 부천문화대전 홈페이지.

43 한국일보 인터넷판, 2006년 8월 13일 등 참조. 이와 같은 최 부잣집의 가훈을 흉내 내 나는 한때 다음과 같은 내용을 붙여 놓기도 했다.

1. 절대 학부장 이상의 보직을 하지 말라. 높은 보직에 올랐다가 휘말려 큰 욕을 먹을 수 있다.

2. 프로젝트(논문은 물론이고)는 1년에 3개 이상을 하지 말라. 지나친 욕심은 건강을 해친다.

3. 동료 교수와 학생들에게 후하게 대접하라. 누가 와도 넉넉히 대접해서 푸근한 마음을 갖게 한 후 보내라.

4. 남의 밥그릇을 빼앗지 말라. 그들을 원통케 해서는 안 된다.

5. 자식들을 호강시키며 키우지 말라. 내가 어려움을 알아야 다른 사람의 고통을 헤아릴 수 있다.

6. 경제학부에 등록금이 없어 학교를 못 다니는 학생이 없게 하라. 특히 불경기에는 기부를 많이 하라.

44 공정거래법의 원래 명칭은 독점규제 및 공정거래에 관한 법률, 상생법은 대·중소기업 상생협력 촉진에 관한 법률, 하도급법은 하도급거래 공정화에 관한 법률, 자본시장과 금융투자업법은 자본시장과 금융투자업에 관한 법률이다.

45 물론 비효율성을 감수하지 않고 정부가 할 수 있는 것도 많다. 대표적으로 정부는 기업이 도덕적 의무를 잘 이행하고 있는지를 국민에게 알릴 수 있다. 기업들에게 있어 이미지는 매우 중요하다. 그렇기 때문에 기업들에 대한 정확한 정보를 국민들에게 제공해 기업들이 사회로부터 제대로 된 압력을 받을 수 있도록 정부가 나설 수 있다는 것이다.

예를 들면, 정부가 기업들의 사회적 기부금액을 국민에게 알리면 소비자는 그것을 보고 구매하고자 하는 기업을 선택할 수 있다. 특정 대기업이 중소기업의 밥그릇을 빼앗은 경우가 있으면 이 역시 국민에게 알릴 수 있다. 특정 대기업이 납품업체의 납품단가를 후려쳐 낮은 대가를 지급하고 있다면 이 또한 국민에게 알릴 수 있다. 어떤 사람은 이를 잘못된 행동이라 비판할 것이다. 그러나 다른 사람은 그렇게 해서 소비자가 지불하는 가격이 낮아진다면 괜찮다고 생각할 수도 있다. 납품단가 인하가 기업들의 뱃속 채우기에 그치고 있는지, 아니면 소비자에 대한 가격 인하로 연결되고 있는지를 정부는 국민에게 알려주는 것도 좋을 것이다. 그래야 국민 각자가 자신의 기준에 따라 올바른 기업을 선택할 수 있기 때문이다.

46 지금의 광진구 광장동과 강동구 천호동을 잇는 광진교도 있었으나 당시 서울 외곽에 위치하고 있었다.

47 강남개발의 역사는 〈'강남 40년: 영동에서 강남으로' 특별전 개최〉, 서울역사박물관 보도자료, 2010년 12월 28일.

48 이 가운데 특허청은 나중에 대전으로 다시 이전되었다.

49 "강남구 땅값 합계 141조… 돈과 사람 몰리는 '럭셔리 마을'", 주간동아, 2008년 10월 9일.

50 "100억 이상 보상수령자만 51명 넘어," 성남뉴스 인터넷판, 2006년 6월 26일.

51 "토지보상금, '땅으로 번 돈 땅으로' … 다양한 부동산에 몰릴 듯", 한국일보 인터넷판, 2009년 6월 3일.

52 한국도로공사, 〈한국도로공사 40년사〉, pp. 44~47.

53 한국도로공사, 위의 책, pp. 44~47.

54 "지난해 춘천 땅값 6.22%↑ 상승률 전국 최고", 중앙일보 인터넷판, 2011년 2월 28일.

55 네이버 백과사전, http://100.naver.com/100.nhn?docid=819812

56 리처드 도킨스(Richard Dawkins)의 저서 〈이기적 유전자〉(The Selfish Gene)에서 나온 말이다. 경쟁과정에서 경쟁자를 도와주는 '착한' 유전자는 도태되고, 그렇지 않은 '이기적 유전자' 들만이 살아남게 된다는 것이다.

57 '성공한 맏아들 이야기' 는 인류의 도덕적 의무로도 확대 · 적용될 수 있다. 인류는 자연의 선택(진화의 과정)이든지 신의 선택이든지 간에 다른 동물들보다 더 발달된 두뇌를 갖게 되었다. 이러한 두뇌를 가지고 인간은 문명을 발전시켜 왔으며, 결국 지구를 지배하게 되었다. 그런데 인간에게 가장 좋은 두뇌를 준 자연의 선택은 인간에게는 엄청난 이득을 가져다 준 반면 다른 대부분의 생명들에게는 커다란 피해를 안겨주었다. 그렇다면 성공한 맏아들이 성공의 열매를 암묵적으로 비용을 지불한 동생들과 나누어야 하듯이, 인류도 자연의 선택(또는 신의 선택)으로 인한 혜택을 혼자 누려서는 안 되지 않을까? 이것이 우리 인류가 다른 생명들을 배려하고 공생하는 길을 찾아야 할 도덕적 의무인 것이다.

58 관계부처 합동, 〈국제개발협력 선진화 방안〉, 2010년 10월 25일.

59 한국경제의 성장 과정에 암묵적으로 비용을 지불한 국가가 없어도 크게 달라지는 것은 없다. 이 경우에도 한국은 현재의 개도국을 지원할 도덕적 의무를 갖는다. 앞에서 설명한 연대 의무 때문이다.

60 경향신문 인터넷판, 2011년 1월 18일.

61 유니세프 한국위원회, 인터넷 홈페이지.

62 "2025년 아프리카 농지 70% 사라질 것," 뉴스 한국, 2011년 1월 19일.

63 " '아이티 지진참사 1년' ①. 고통은 아직 진행형", 네이버 뉴스, 2011년 1월 11일.

64 BRICs는 Brazil, Russia, India, China의 첫 자를 따서 만든 용어로, 향후

성장 가능성이 높은 브라질, 러시아, 인도네시아, 중국을 의미한다.

65 관계부처 합동, 위의 책, 2010년 10월 25일.

66 "원조 받다가 원조하는 최초 국가로," 공감코리아, 2011년 2월 22일.

67 유니세프 자료 참조.

68 네이버 지식백과, http://terms.naver.com/entry.nhn?docId=300298

69 네이버 지식백과, http://terms.naver.com/entry.nhn?docId=645203에서 인용 및 참조.

70 열거된 국가가 부분적으로 영국의 식민지였던 경우도 포함시켰다.

71 "'역사 속의 인물' 유대계 공룡금융 키운 네이션 로스차일드", 매일신문 인터넷판, 2011년 7월 28일 등 참조.

72 소수의 투자자로부터 모은 자금을 주식, 채권 등에 운용하는 펀드로서 고수익기업투자펀드라고도 한다. 영어로는 private equity fund이다.

73 "론스타 투자성적표…극동건설은 연 54%, 외환은행은 연 15% 수익", 중앙일보 인터넷판, 2011년 3월 4일.

74 또 다른 논란은 한국외환은행을 인수한 이후에 있었던 외환카드 주가조작과 관련된 대주주 적격성 문제이다.

75 "전성인 교수 '론스타는 산업자본'", 아시아경제 인터넷판, 2011년 10월 11일.

76 영어로는 Corporate Restructuring Company(CRC)라 하며, 일명 vulture capital이라고도 불린다.

77 이는 기업 사이에 터널을 뚫어 자금을 빼돌리는 것과 같다고 해서 붙여진 이름이다.

78 공정거래위원회, 〈카르텔 정책 및 법 집행 동향〉, 2011년 10월 31일.

79 한국이 베트남전에 전투용병으로 참전한 것이, 이러한 차원에서 옥의 티라는 주장도 있다.

80 사실 음악은 많은 장점들을 갖고 있다. 그중 하나가 다른 사람들과 함께 들을 수 있다는 점이다. 나의 소비가 다른 사람들의 소비의 감소를 가져오지 않기 때문이다. 이러한 특성을 경제학에서는 비(非)경합성(non-rivalry)이라 한다. 경합성과 반대되는 특성이다. 음악은 다른 사람의 소비의 감소(다시 말해 다른 사람의 희생) 없이도 즐길 수 있다는 점에서 이 책의 내용과 일맥상통한다.

가난한 집 맏아들
대한민국 경제정의를 말하다

지은이 | 유진수
펴낸이 | 김경태
펴낸곳 | 한국경제신문 한경BP

제1판 1쇄 발행 | 2012년 1월 25일
제1판 4쇄 발행 | 2012년 4월 25일

주소 | 서울특별시 중구 중림동 441
기획출판팀 | 3604-553~6
영업마케팅팀 | 3604-595, 583 FAX | 3604-599
홈페이지 | http://www.hankyungbp.com
전자우편 | bp@hankyungbp.com
T | @hankbp   F | www.facebook.com/hankyungbp
등록 | 제 2-315(1967. 5. 15)

ISBN 978-89-475-2831-3   03320
값 13,000원

파본이나 잘못된 책은 바꿔 드립니다.